奇跡のたるみリフト

10秒で
10歳若返る

エイジングデザイナー
村木宏衣

主婦の友社

はじめに

マスクをとったら、顔が以前より老けていて愕然とした。以前より口元や目元、ほおやあごがたるみ、シワやほうれい線がより目立ってきたように感じた。

大人の女性の多くが、最近そんな経験をされたのではないでしょうか。

顔老けの原因は、加齢だけではありません。新型コロナウイルス感染症のパンデミックによるコミュニケーションの減少で、話したり笑ったりするときに使う表情筋を動かさなくなり、顔の筋肉が衰えてしまったのです。また、マスク生活で耳が引っぱられ、鼻が圧迫されて顔と頭の血液やリンパのめぐりが悪くなったことも大きな原因です。

生活ががらりと変わったことでストレスがたまったり、歯のくいしばりが強くなって頭や顔の筋肉がカチコチにこっている人も増えました。

外に出られないことで今まで以上にスマホやパソコンが手放せなくなり、肩・首こりが日常的になったり、姿勢が悪くなったことも原因。肩

や首、頭の筋肉に引っぱられ、顔の筋肉もこり固まってしまったのです。
そんな大人の女性のために、顔のたるみをすっきり解消する、村木式「たるみリフト」を考案しました。筋肉の奥からこりをほぐすことで、血液やリンパの流れを促し、弾力をとり戻してたるみを引き上げます。
頭のこりに着目した『10秒で顔が引き上がる　奇跡の頭ほぐし』、目以外からアプローチして目元の疲れを解消する『10秒で疲れがとれる奇跡の目元ほぐし』が多くの方に手に取っていただけたこと、お役に立てたことをうれしく思っています。今回は、顔のたるみを引き起こす筋肉や骨格にダイレクトにアプローチするメソッドをお伝えします。
たるみが起こるのはほおや目元だけではありません。鼻下や口の中にも起こるのです。村木式「たるみリフト」は、あらゆるたるみをキュッと引き上げ、若々しく表情豊かな顔に導きます。
毎日数十秒でＯＫ。続けるほどに顔のハリがよみがえり、マスク生活の前、あるいは10年前よりかわいくいきいきとした印象が得られるはずです。ぜひ村木式「たるみリフト」をお試しいただき、マスク後の生活を楽しんでいただければ幸いです。

CONTENTS

10秒で10歳若返る 奇跡のたるみリフト

PART 1

PART 2

PART 3

PART 4

PART 5

老化スピードを遅らせる 村木式 たるみリフト生活習慣

しみ、シワだけじゃない！自分で気づきにくい「たるみサイン」

最近、マスクをとるとなんとなく老けた気がする。鏡を見るたびに感じるこの「なんとなく」の正体に、気づいていない人が実は多いのです。

すぐに目がいくのは目尻や口元のシワですが、よく見ると、顔のあちこちに「たるみサイン」があらわれ始めています。自分では気づきにくいたるみポイントをお伝えします。

口の中をよくかむようになったという人は要注意。年齢とともに上あごが重力に負けて下に落ちたり、歯のくいしばりで口の中が狭くなり、よくかむようになるのです。この状態になるとあご下もたるんできます。

鼻の下のたるみにも目を向けて。鼻と口の間隔が間延びし、上唇が薄くなって口角とともに下がると、ほうれい線やゴルゴラインも深くなり、ぐっと老けて見えるのです。

また、顔や頭のこりから、筋肉が本来とは異なる方向に引っぱられると、顔や鼻は横や下に広がってたるみ、大顔になります。

顔のたるみは複合的に起こります。変化を感じたら、すぐにケアを始めましょう。

老けて見える!!
意外な「たるみサイン」

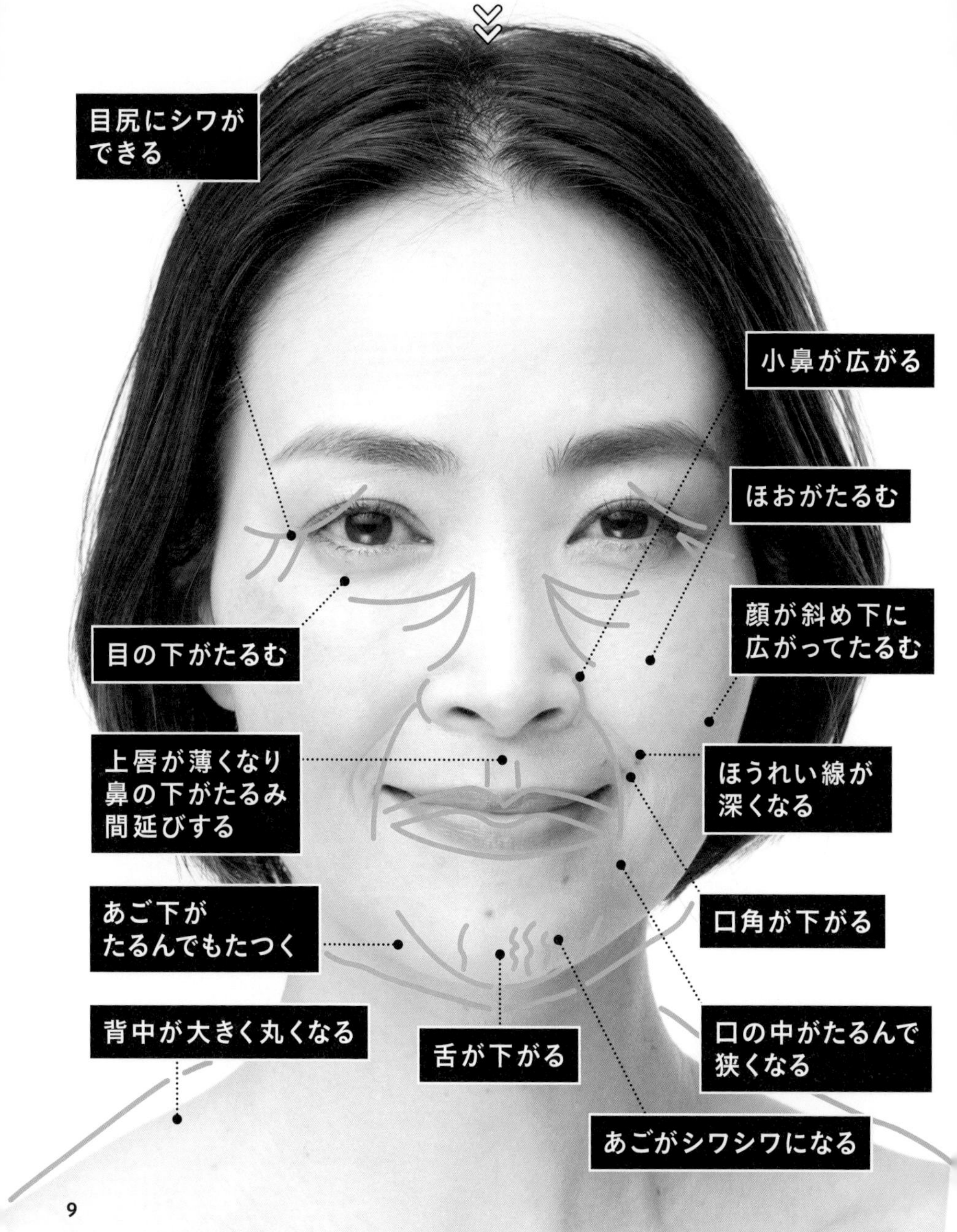
目尻にシワができる
小鼻が広がる
ほおがたるむ
目の下がたるむ
顔が斜め下に広がってたるむ
上唇が薄くなり鼻の下がたるみ間延びする
ほうれい線が深くなる
あご下がたるんでもたつく
口角が下がる
背中が大きく丸くなる
舌が下がる
口の中がたるんで狭くなる
あごがシワシワになる

気になる「たるみサイン」1

「顔が斜め下にたるみ、大顔になる」

原因は……

☑

ストレスや目の酷使で側頭筋がこり、
顔の筋肉が引っぱられ、
ほおが引き上げられなくなる

☑

前かがみ姿勢で首がこり、
あごが前に出て固定される

☑

くいしばり筋が肥大し
ほおが斜め下に引っぱられたるむ

ほおがたるみ、ほうれい線が深くなるのは老けサインの代表例。「たるみ」というと、下に下がるイメージですが、実際はほおを支える大きな筋肉である咬筋（こうきん）に引っぱられ、斜めにたれ下がります。

咬筋は咀嚼（そしゃく）筋やくいしばり筋とも呼ばれ、かむときに使う筋肉です。就寝中などに無意識にくいしばることで、知らず知らずのうちに肥大し、エラが張ってきます。

咬筋と頭のサイドにある側頭筋はつながっていて、側頭筋が咬筋に引っぱられたまま固まると、ほおを引き上げる力が弱くなるので、たるみが定着して斜め下に広がる大顔になるのです。

カチコチになる
側頭筋
咬筋（くいしばり筋）
上あごがロックされ
口元がたるむ
首こりで
顔が前に出て
大きく見える
斜めにたれ下がる

気になる「たるみサイン」2

「あごがシワシワになり、もたつく」

原因は……

☑

**くいしばりで咬筋がかたくなり
フェイスラインを引き上げられず
あごがたるむ**

☑

**肩や首がこり、背中が丸まって
あごが前に出てたるむ**

☑

**口輪筋がゆるみ、あごのオトガイ筋で
口を閉じるようになりシワが寄る**

太ったわけではないのに、あごの下がたぷたぷする、あごが梅干しのよう。これは顔や頭の筋肉のこりや衰え、姿勢が悪くなったことが原因です。

注意したいのが歯のくいしばり。自覚なくかみしめている人が多いのです。

咬筋や側頭筋がかたくなり、フェイスラインを引き上げる力が低下。口輪筋が衰えると、そのかわりにあご先のオトガイ筋が口を閉じようとして余計な力が入ります。筋肉が収縮し、シワシワな梅干しあごに。

肩・首のこりやねこ背によって首が前に出ると、下あごも前に出てしまいもたつきの原因になります。

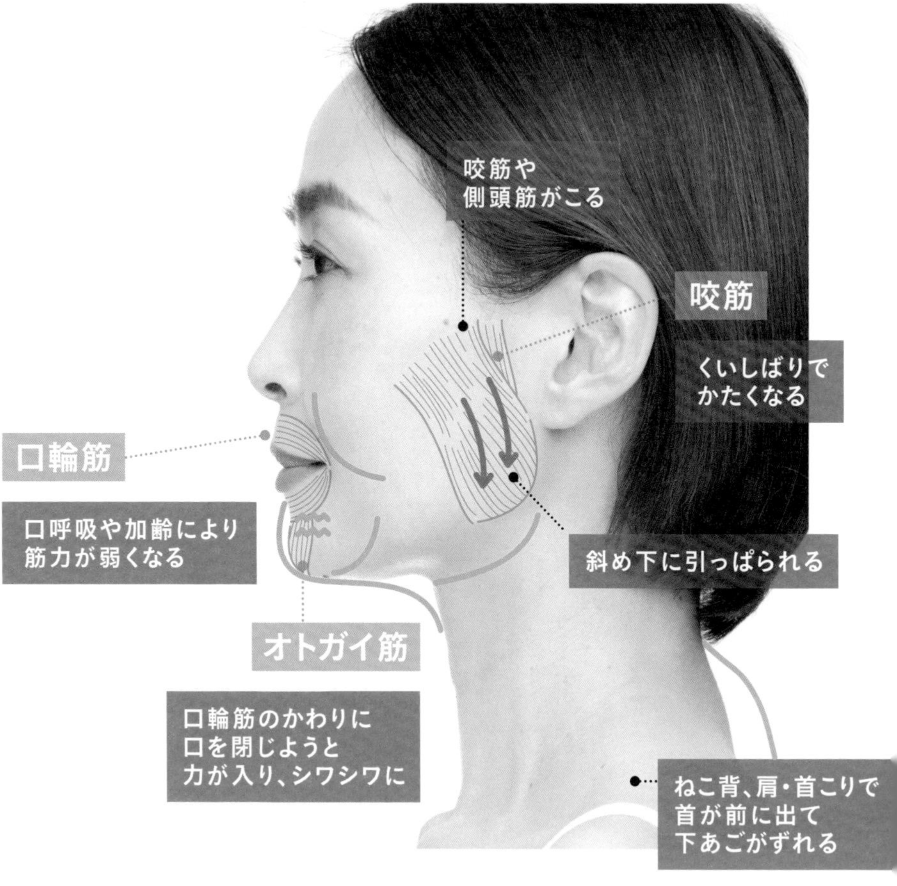
咬筋や
側頭筋がこる
咬筋
くいしばりで
かたくなる
口輪筋
口呼吸や加齢により
筋力が弱くなる
斜め下に引っぱられる
オトガイ筋
口輪筋のかわりに
口を閉じようと
力が入り、シワシワに
ねこ背、肩・首こりで
首が前に出て
下あごがずれる

気になる「たるみサイン」3

「上唇が薄くなり、鼻下がのびる」

原因は……

☑

加齢とともに上唇を持ち上げる筋肉が弱く

☑

口呼吸により、口・鼻まわりの筋肉がゆるんで衰える

☑

長期間のマスク生活で鼻が圧迫されむくんだ状態に

加齢とともに、顔は間延びし重心が下がってきます。自覚しづらいですが「鼻」まわりもたるむのです。

上唇を引き上げる上唇挙筋や大・小頬骨筋が弱まり、上唇のボリュームがなくなり、鼻の下が間延びした老け顔になっていきます。

口角を引き上げる口角挙筋も衰え、不機嫌そうなへの字口になり、ほうれい線も深く。ほおのたるみやこりにより小鼻も引っぱられて横広がりに。マスク生活で鼻が圧迫されたり、口呼吸で鼻の筋肉が使われなくなったこともデカ鼻化の原因に。

老け見え防止のためには、鼻下のたるみケアも欠かせません。

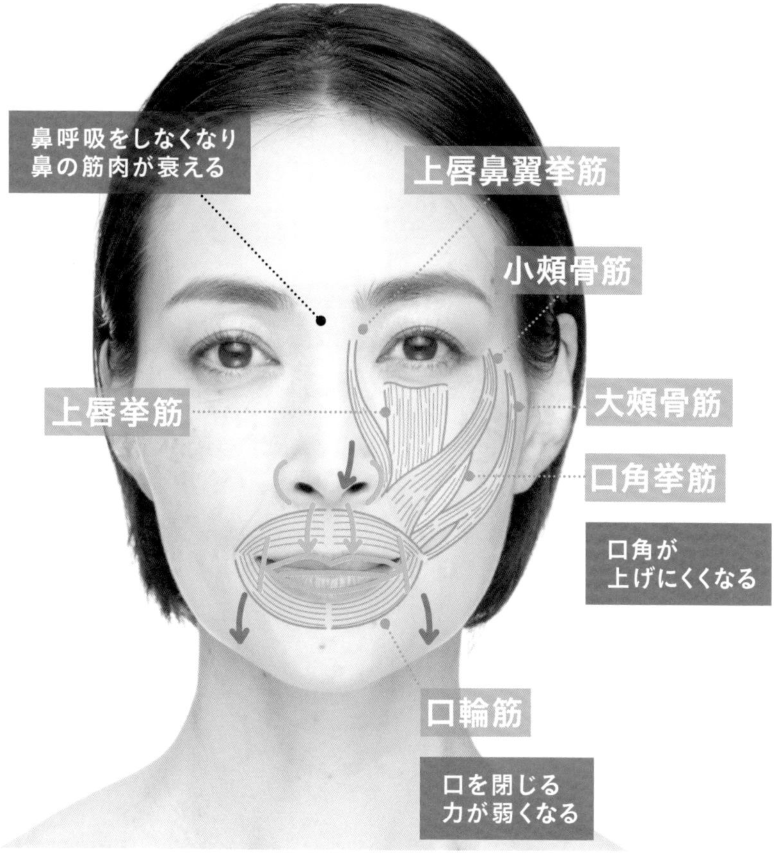
鼻呼吸をしなくなり
鼻の筋肉が衰える
上唇鼻翼挙筋
小頬骨筋
上唇挙筋
大頬骨筋
口角挙筋
口角が
上げにくくなる
口輪筋
口を閉じる
力が弱くなる

気になる「たるみサイン」4

「背中が外に広がり、シルエットが老ける」

原因は……

☑

肩や首、背中のこり、
おなかの筋肉の衰えや
スマホ操作で前かがみ姿勢に

☑

ねこ背、巻き肩によって
肩甲骨が外へ開く

☑

顔への血流が悪くなり
脂肪がつきやすくなる

「後ろ姿に年齢が出る」というのは本当で、首や肩、背中のこり、体前面の筋肉の衰え、そしてスマホやPC操作で前かがみ姿勢が続いてねこ背になると、肩甲骨が外に広がって下がり、ぼてっと丸い老けシルエットに。

こわいのは、首の胸鎖乳突筋（きょうさにゅうとつきん）や肩、背中の筋肉がこって姿勢が悪くなると、体や頭の背面から顔を引き上げる力が弱くなり、たるみに直結すること。首が前に出て二重あごになり、ほおがもたつきます。

正しい姿勢をキープすることや、そのために体のこりをメンテナンスすることも、老け見え防止には重要なのです。

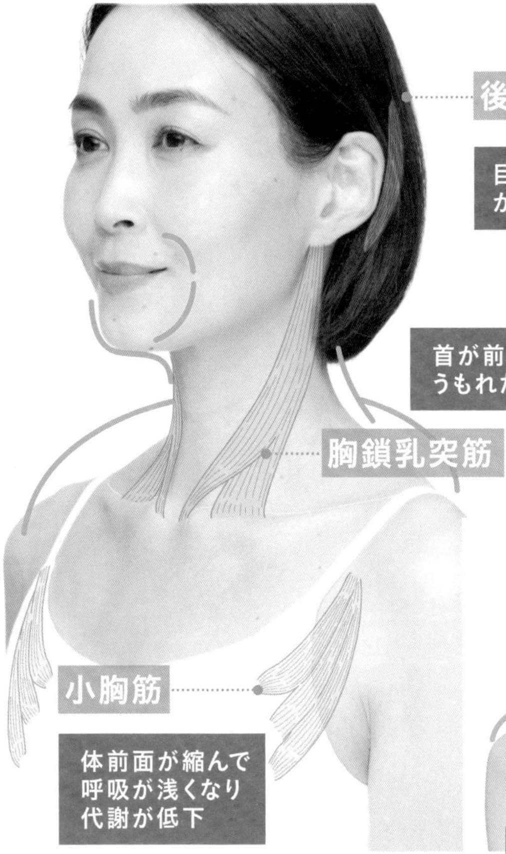
後頭筋
目の疲れで
かたくなる
首が前に傾き
うもれた状態に
胸鎖乳突筋
小胸筋
体前面が縮んで
呼吸が浅くなり
代謝が低下

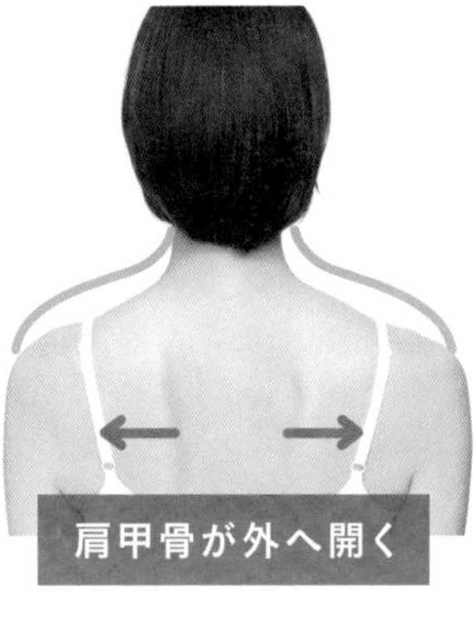
肩甲骨が外へ開く

目指したいのは、「中央が高い」立体的な顔!!

よみがえって、若々しく見える顔とは、どんな顔でしょうか?

それは「中央が高い顔」です。

顔を含む頭は球体に近い形をしています。この球体がなめらかだと若く見え、たるみや影が増えると老けて見えるのです。

なめらかな球体に近づくには、顔の中央が高くある必要があります。ほおがふっくら丸く、まぶたにたるみがない。鼻はすっと高く、鼻の下は短く。上唇や口角はキュッと上がっている。あごやエラはシュッと締まっている。

目指すべきは、こうした立体的な顔です。

アンチエイジングのマッサージなどには、斜め上に引き上げる動作が多いですが、中央の高さを出すためには、上や垂直方向に引き上げることも重要。斜めに引き上げるだけでは、顔が平らな印象になってしまうからです。

村木式「たるみリフト」は、斜めへの引き上げに加え、上や垂直方向へも引き上げることで、顔を理想の球体に近づけるメソッドです。顔の中心がふっくらとするので、斜めや横から見ても若々しさが感じられます。

上へとリフトアップし、中央を高く！

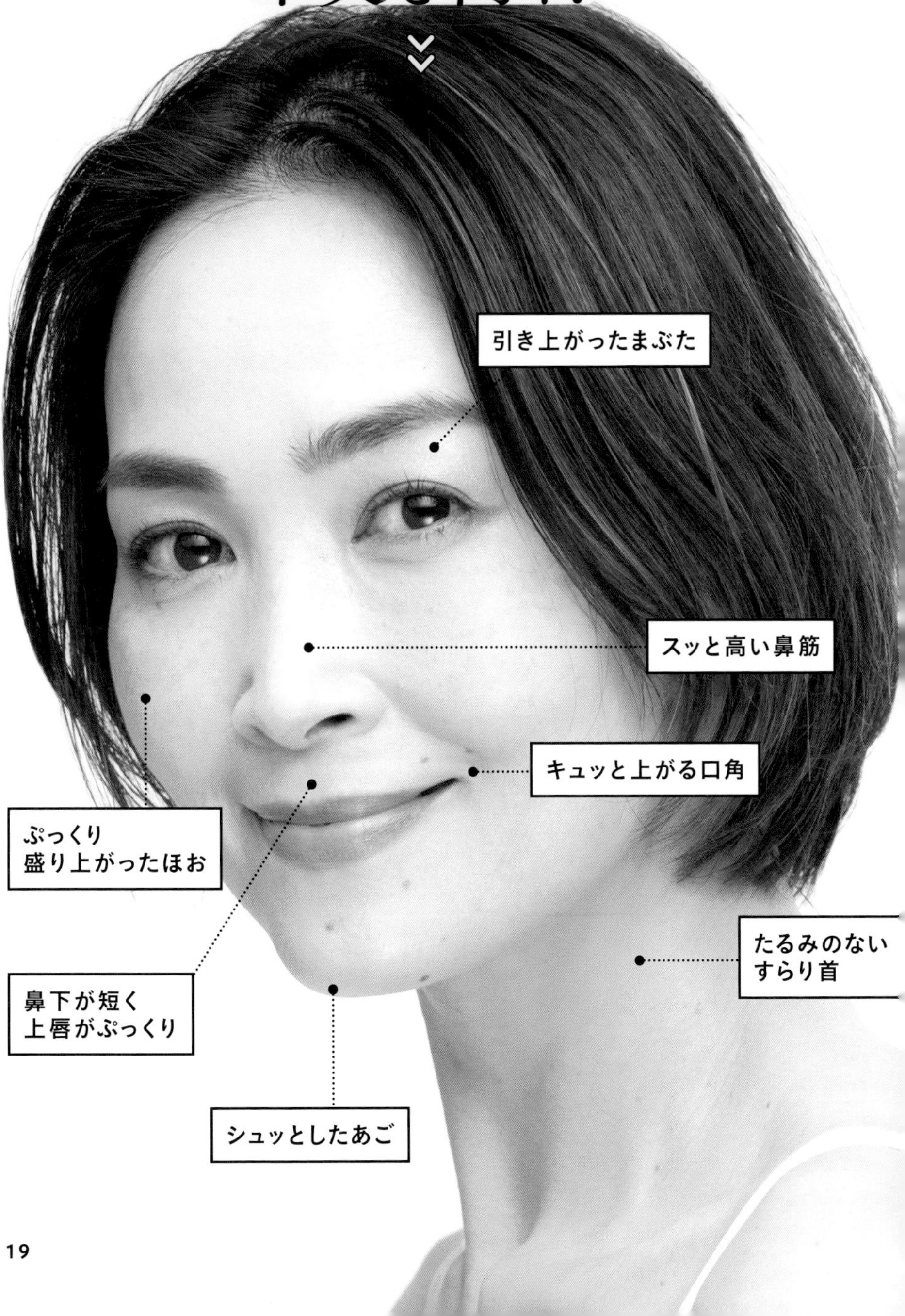
引き上がったまぶた
スッと高い鼻筋
キュッと上がる口角
ぷっくり
盛り上がったほお
たるみのない
すらり首
鼻下が短く
上唇がぷっくり
シュッとしたあご

リフトアップには
耳ケアが効率的です

村木式「たるみリフト」なら10秒でぷっくり立体顔に!!

「中央が高い」若々しい顔をつくるためには、拙著『奇跡の頭ほぐし』でご提案したヘッドマッサージが有効です。頭のこりをほぐすことで、顔全体の筋肉が一気に引き上がり、血液やリンパの流れも改善、ハリのある顔をとり戻せます。こちらもぜひお試しいただきたいのですが、今回さらに効率的な「たるみリフト」のメソッドを考案しました。

今回注目したのは耳まわり。次のページでくわしくご説明しますが、耳まわりには頭と顔につながる血管やリンパ管が集中しているのです。つまり、耳まわりをほぐすと、頭と顔のケアがいっぺんにできるのです。耳まわりをほぐしておけば、『頭ほぐし』の効果もさらに上がります。

そして、今回は、なかなか自覚できないけれど、老け見えの大きな要因になっている鼻の下などの「たるみサイン」の解消法もくわしくお教えします。今までケアされていない部分もぐっと引き上がりますので、1日10秒でも続けていただければ、見た目年齢を10歳若返らせることも可能です。長年のサロンワークから編み出した最新の「たるみリフト」、ぜひお試しいただきたく思います。

頭、顔、首の中継点である耳をほぐすことで、顔を引き上げる力がアップ

耳は顔、頭、首とつながっています。耳まわりには、心臓から頭や顔に向かう大きな血管やリンパ節が集まっています。さらに各器官、臓器に作用するツボや反射区も多くあるといわれます。また、耳は耳介筋（じかいきん）を通じ、頭や顔、首の筋肉とつながっています。

耳を指で少し強めに引っぱってみてください。痛い、刺激を感じるという人は、耳まわりの筋肉がこわばり、血液やリンパの流れも悪くなっていると考えられます。マスク生活により耳まわりが圧迫され、筋肉がこってしまっている人も多くいます。この耳まわりのこりも、顔のたるみやむくみを引き起こす大きな原因になっているのです。

頭、顔、首の中継地点である耳をほぐせば顔のめぐりが一気によくなり、たるみが引き上がります。続ければ全身が若返るといっても過言ではありません。耳ならメイクくずれの心配なく、日中もこまめにケアでき、キュッと上がった顔をキープできるのです。

耳周辺の筋肉と血管、リンパ節

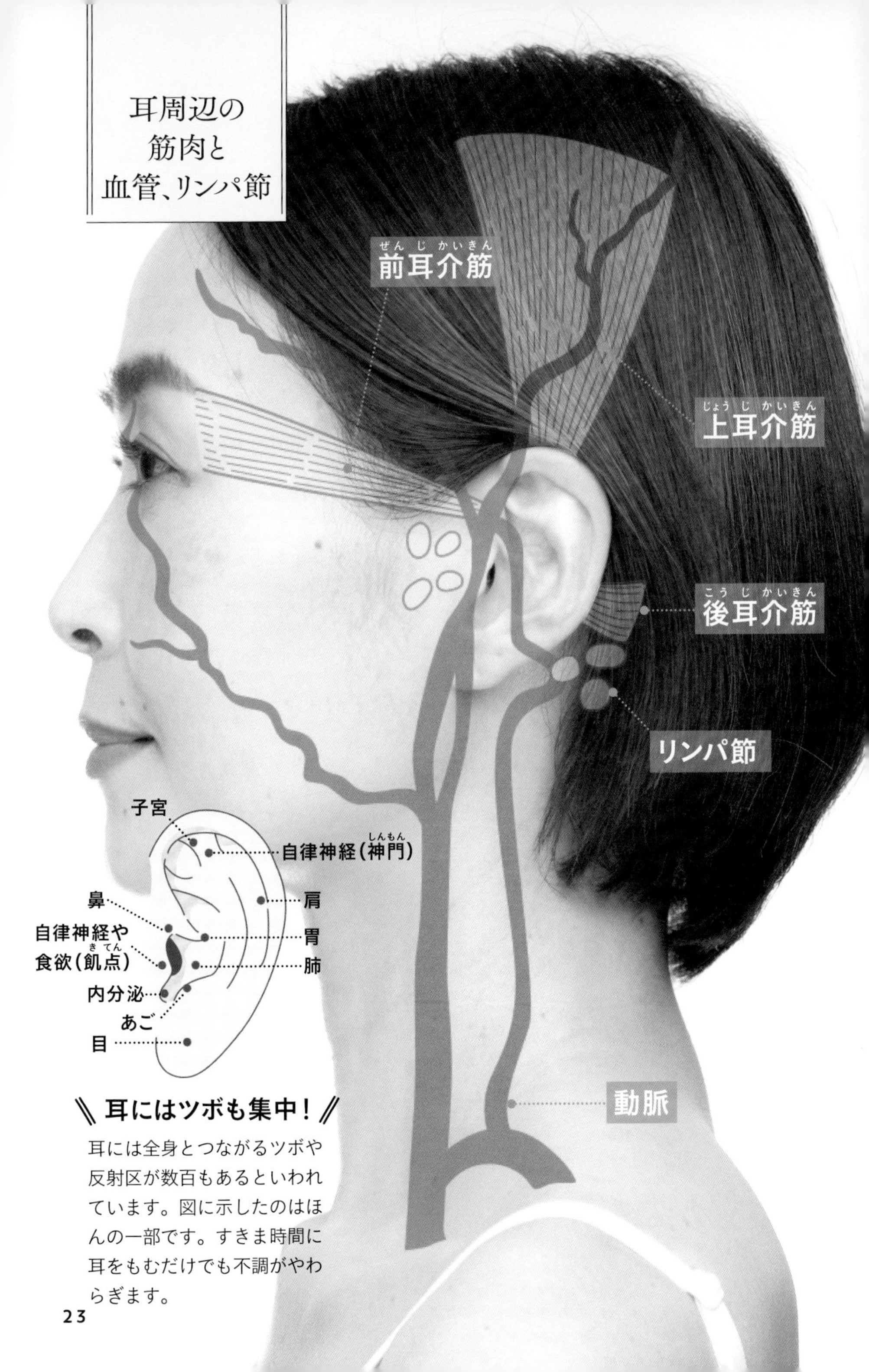
前耳介筋
上耳介筋
後耳介筋
リンパ節
動脈
子宮
自律神経（神門）
肩
鼻
胃
自律神経や食欲（飢点）
肺
内分泌
あご
目

耳にはツボも集中！

耳には全身とつながるツボや反射区が数百もあるといわれています。図に示したのはほんの一部です。すきま時間に耳をもむだけでも不調がやわらぎます。

村木式
「たるみリフト」では、
筋肉のこりをゆるめ、
弾力をとり戻して
たるみを
リセットします

村木式が効く理由

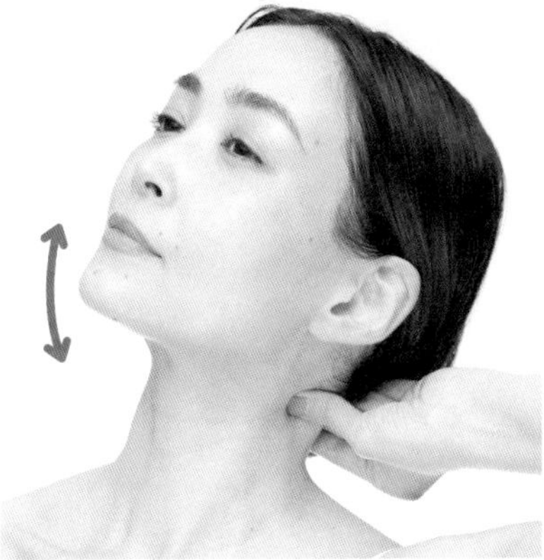

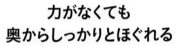

力がなくても奥からしっかりとほぐれる

力まかせに行うマッサージとは異なり、じんわりと圧をかけるので力が弱くても大丈夫！

筋肉に対し垂直に圧をかけることで、弾力を出す

指の腹で筋肉をとらえ、垂直に圧をかけて深部までほぐし、血流を促して弾力を復活させる。

村木式のメソッドに共通しているのは、筋肉の弾力をよみがえらせることです。

筋肉は使いすぎても、使わなくても収縮してハリや弾力を失っていきます。筋肉がかたくなるとポンプ機能が低下し、血液やリンパの流れが滞り、たるみやシワとなってあらわれるのです。

指の腹で筋肉をとらえ、じんわりと圧をかけて奥からもみほぐすことで、筋肉に柔軟性が出て、たるんだ顔がキュッと引き上がります。

数十秒で顔が上がることを実感できますが、毎日こまめに行うことで、はね返るような弾力が持続します。ぜひ、継続して行ってください。

体験
Before → After

10秒で顔印象が変わる！村木式「たるみリフト」で若返りました！

「たるみサイン」に悩む大人の女性に、村木式「たるみリフト」を試していただきました。行ったのは主に36〜42ページのメソッド。1回で見た目年齢が若くなり、1カ月で別人のようにいきいきとした表情に。

Before

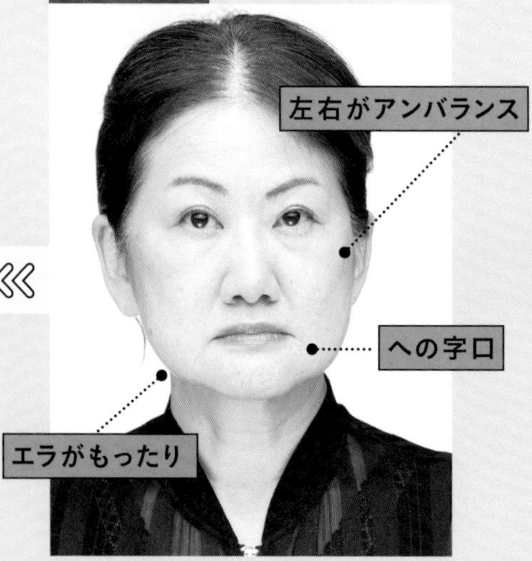
左右がアンバランス
への字口
エラがもったり

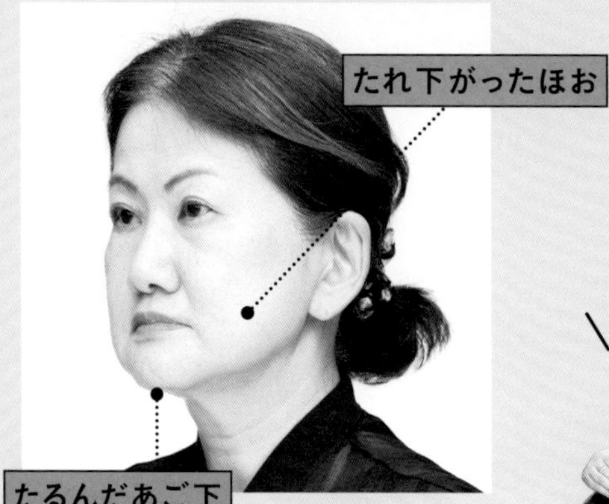
たれ下がったほお
たるんだあご下

口角が下がり不機嫌そうな顔。ほおの広さが左右で異なりゆがみもある。

気持ちいい！

「たれ下がったほおが上がり、やわらかい表情に！」

1回のケア

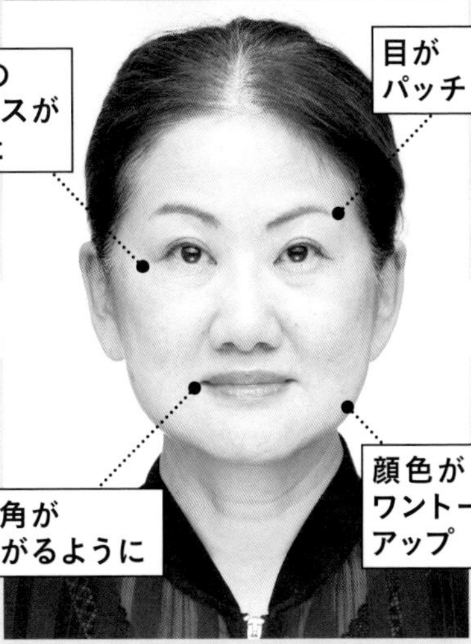
左右の
バランスが
整った
目が
パッチリ
口角が
上がるように
顔色が
ワントーン
アップ

ほおが
上がった
フェイスライン
すっきり

自然にしていても口角が上がり、ほおにも高さが出て若々しく見える。

1カ月後

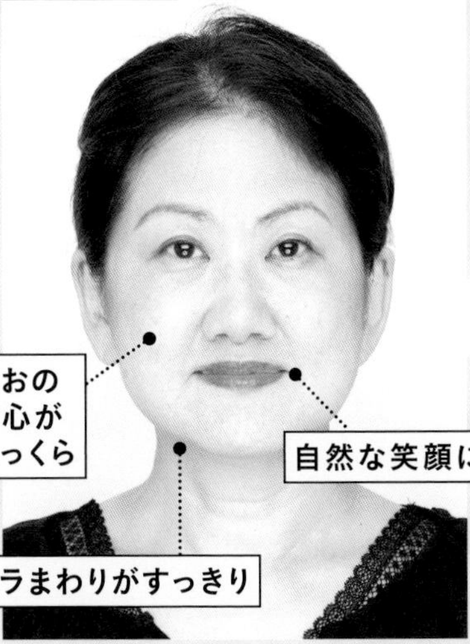
ほおの
中心が
ふっくら
自然な笑顔に
エラまわりがすっきり

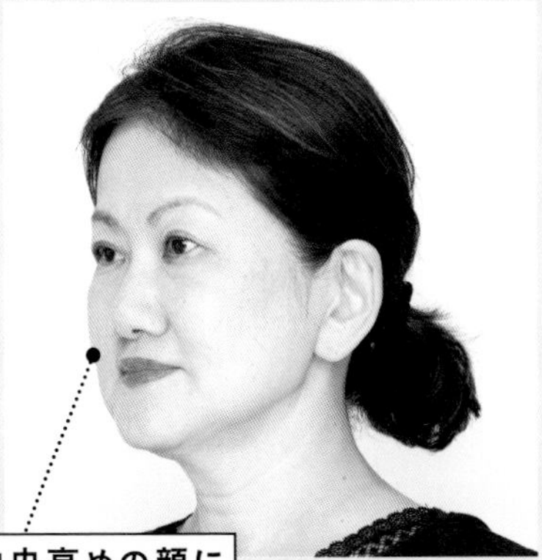
中央高めの顔に

横広がりの四角い顔から卵形に。輪郭がすっきりし首が長く見える。

カチコチだった顔が解凍されたよう！表情がつくりやすくなった

≫ Nさん

Before

1カ月後

今まで、人から「怒ってる？」と聞かれがちでした。年齢とともにほおが下がり、口角も上がりにくくなっていたので、不機嫌に見えやすいようです。顎関節症であごの開きが悪いため、ふだんから顔の筋肉をあまり動かしていないのも原因かもしれません。

村木式「たるみリフト」を試したところ、「耳呼吸」（42ページ）だけでも顔に血がめぐってくるのがわかりました。「たるみ筋はがし」（38ページ）は、最初はとにかく痛くて痛くて。それだけ顔がこっていて動きにくくなっているのだと思いました。36〜42ページのメソッドを行ったところ、固まっていた表情がやわらぎ、口角が上がり驚きました。

1カ月間、朝晩の洗顔後に続けると、あごの開きがよくなり、頭痛や耳鳴りが起きる回数も減りました。友人から「目が大きくなったね」と言われ、うれしかったです。自分でも、ほおにハリが出てブルドッグ線が薄くなったように感じています。体も軽くなり、朝起きるのがラクになったのもうれしい効果です。

目がパッチリと開き、あごがシュッとして首が長くなった

»» Kさん

Before

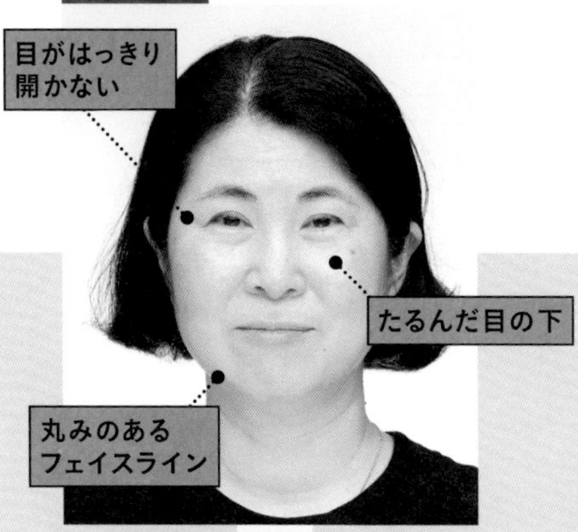

目がはっきり
開かない
たるんだ目の下
丸みのある
フェイスライン

1回のケア

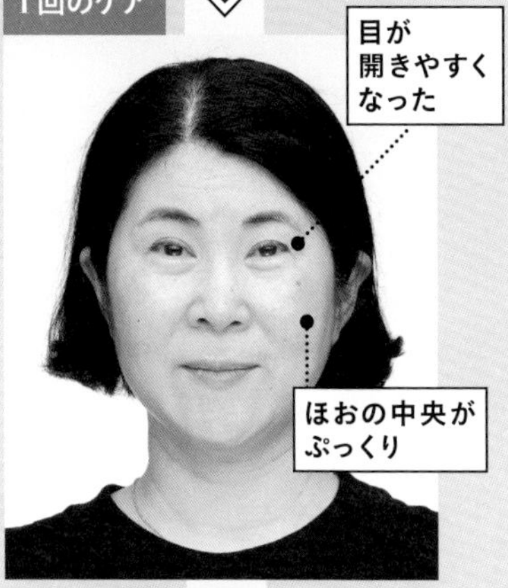

目が
開きやすく
なった
ほおの中央が
ぷっくり

1カ月後

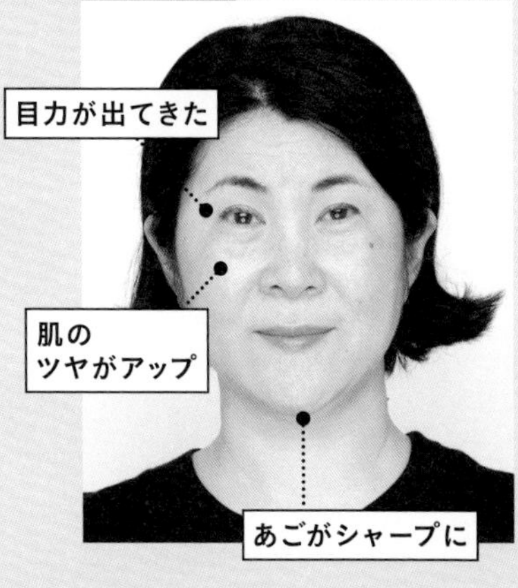

目力が出てきた
肌の
ツヤがアップ
あごがシャープに

1回やって驚いたのが、じんわり汗をかいたことと、視界が明るくなったことです。目がパッチリ開く感覚は久々です。

トイレに行ったときなどに「たるみリフト」を行うことを習慣にしたら、帰省した娘に「あごが見えるようになって、目が大きくなったんじゃない」と言われ、効果を実感！

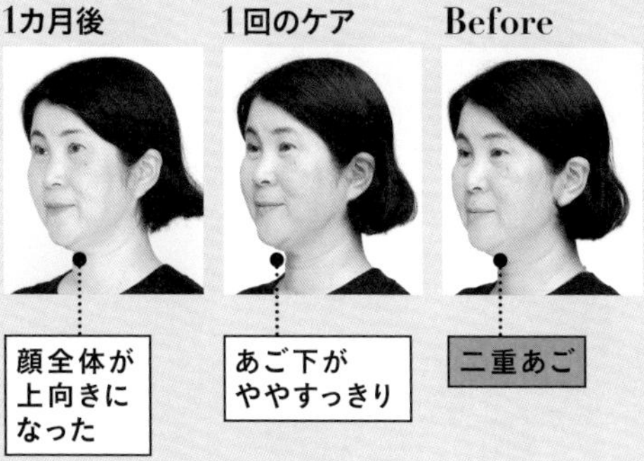

1カ月後
1回のケア
Before
顔全体が
上向きに
なった
あご下が
ややすっきり
二重あご

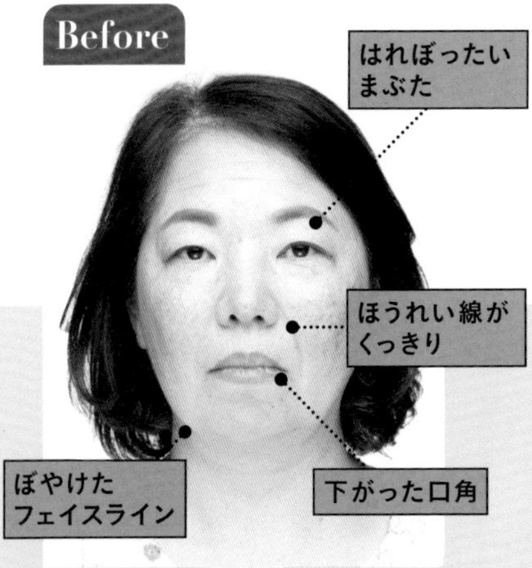
Before
はれぼったい
まぶた
ほうれい線が
くっきり
ぼやけた
フェイスライン
下がった口角

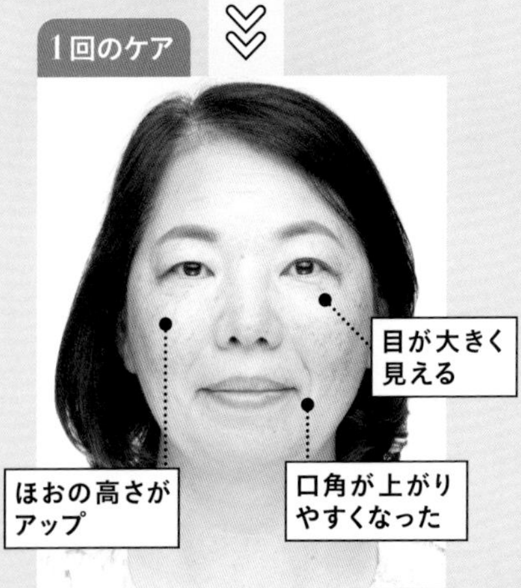
1回のケア
目が大きく
見える
ほおの高さが
アップ
口角が上がり
やすくなった

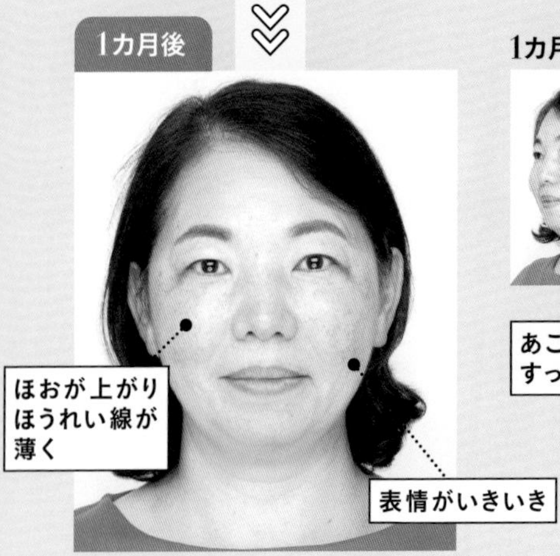
1カ月後
ほおが上がり
ほうれい線が
薄く
表情がいきいき

はれぼったかった まぶたがすっきり！ ほおもキュッと 上がった！

≫ Kさん

全身がこっていて美容師さんには「頭がかたい」と言われます。耳をさわるだけでも痛かったのですが、体がポカポカして血流がよくなっているのを感じました。まぶたも軽やか！ 1カ月続けてみると、ほおも口角も上がり、ほうれい線が薄くなったのがわかります。肌も明るくなりました。

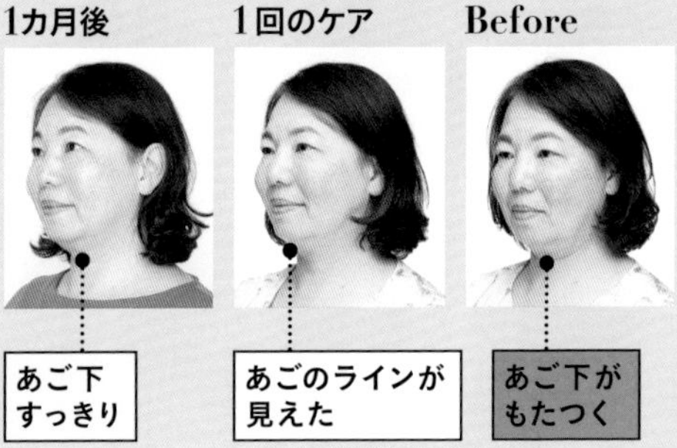
1カ月後
あご下
すっきり
1回のケア
あごのラインが
見えた
Before
あご下が
もたつく

PART 1

最短で顔が若返る!

即効 たるみ引き上げ メソッド

頭と顔を結ぶ耳まわりの筋肉をほぐし、弾力をよみがえらせることで、一気に顔が引き上がります。頭だけ、顔だけをほぐすよりも効率よく、瞬時にリフトアップがかなうのです。耳に着目した村木式「たるみリフト」で、立体感のある若々しい顔を手に入れましょう。

化粧品が効かない
顔の「たるみ」も、耳をほぐせば
瞬時に引き上がります

年齢とともに増していく顔のたるみ。ほお、口元、目元、フェイスライン……もったりと元気のない印象になり、深いシワも引き起こす、老け見えの大きな原因です。

大人の女性ならおわかりかと思いますが……とても残念なことに、たるみはスキンケアだけではなかなか解消しづらいのです。

たるみを解消するには、顔の筋肉のこりを解消し、正しく動くようにすること、そして血液やリンパのめぐりを改善し、肌のハリをとり戻すことが必要です。

しかし、大人の女性は毎日忙しく、ていねいにケアする時間はなかなかとれないのではないでしょうか。マッサージなども手が疲れて続かないという声をよく聞きます。

そんな大人の女性のために開発した村木式「たるみリフト」では、まず耳まわりにアプローチします。顔、頭、首と筋肉でつながり、大きな血管や毛細血管、リンパ節の集まる耳まわり。ここをほぐすことで、効率的に顔の筋肉の動きやめぐりを改善し、たるみをリフトアップするのです。耳をほぐすのに、道具も時間も力もいりません。

ホームケアとして続けやすく、サロンのお客さまからも好評です。コツコツと続けている人ほど、顔がすっきりとして肌の血色もいい印象です。朝晩のスキンケア時だけでなく、日中もこまめにケアすることで、たるみだけでなく疲れによるくすみも解消できます。

まずは10秒、毎日続けてみてください。

顔だけじゃない。耳をほぐすと全身のたるみ・不調が改善

耳は頭と顔、首との中継点。顔への血管やリンパが通るところです。また、耳は「全身の縮図」といわれ、各器官や臓器に対応するツボや反射区が集まっています。

つまり、耳をほぐすことで、全身のめぐりがよくなるのです。逆に、耳がこっていると太りやすくなったり、体もたるみやすくなり、不調も起きやすくなるというわけです。

ふだん、あまりさわることのない耳ですが、健康や美容に大きな影響を与えるパーツです。かたいときは体の不調のサイン。日々、耳にふれてチェックするとよいでしょう。

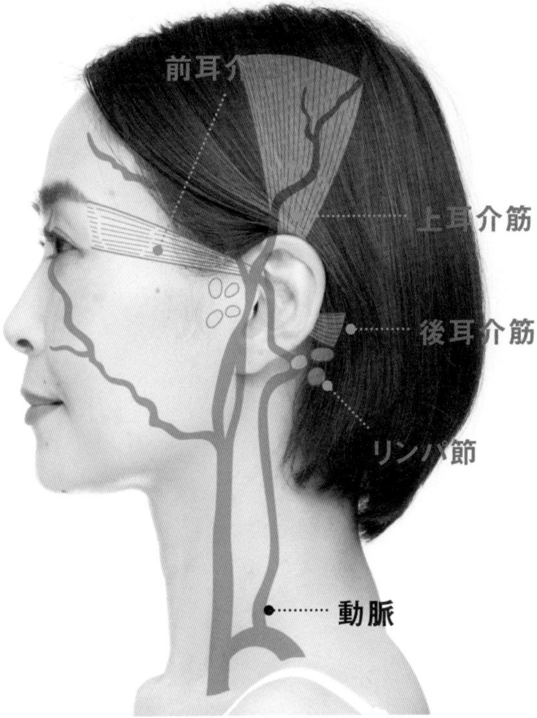

前耳介筋
上耳介筋
後耳介筋
リンパ節
動脈

自律神経のバランスが整う

耳には自律神経に関するツボも集中しています。耳の上部のくぼみのキワにある神門（23ページ参照）はそのひとつ。耳の外側は交感神経、耳の中心部は副交感神経にかかわる自律神経が通っているので、刺激することでバランスが整います。

血液・リンパの流れが一気によくなる

首を通って顔や頭へ血液を送る大切な血管が耳の近くを走っています。耳には毛細血管も多いため、もみほぐすと血流がよくなり、じんわりと全身が温かく。リンパ節も集中しています。時短で全身のめぐりが整います。

免疫力、生命力が高まり元気が出る

東洋医学では耳は「腎」とつながっていると考えられています。腎臓のことではなく、生きるために必要なエネルギーをためておく場所のこと。水分代謝にもかかわりが。生命力が上がり、むくみや冷えの解消にもつながります。

顔、頭、首の筋肉のこりがほぐれる

耳まわりにある耳介筋とつながっている側頭筋、咬筋、眼輪筋、胸鎖乳突筋のこりもほぐすことができます。首こり、肩こりも緩和され、目元の疲れもほぐれていきます。全身の血流もよくなり、ハリのあるボディに。

リフトアップ　あごのゆるみ　首こり

V字耳リフト

まず耳を全方向に引っぱって、上・前・後耳介筋を一気にほぐします。耳をV字にホールドすることで効率よくほぐせ、顔全体がぐっと引き上がるのを感じるはず。

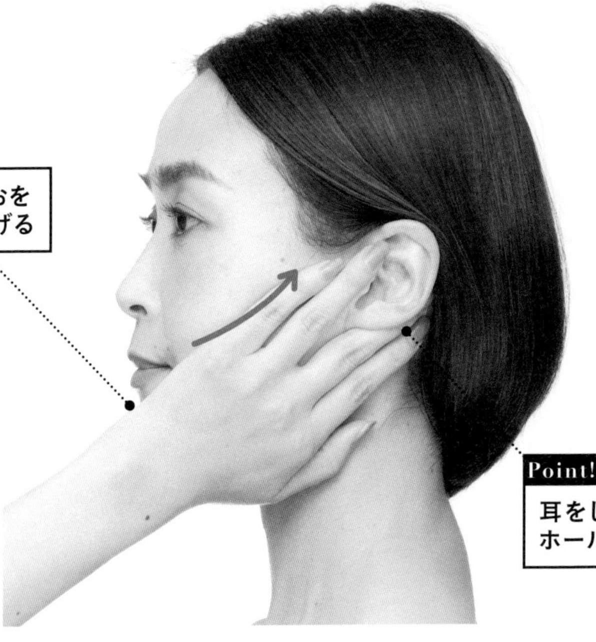

Point!
軽くほおを引き上げる

Point!
耳をしっかりホールド

1

2本の指で耳をはさみ、フェイスラインをホールド

ほおの下に咬筋を包むように手を当て、軽く引き上げる。指をV字にして耳をはさみ、耳をしっかりと押さえる。

前から見ると…
虫歯ポーズ

2

反対側の指で耳を全方向に広げる

耳をやさしくつまみ、少しずつ位置を変えながら放射状に広げる。力まかせに引っぱらず、“さわさわ”とやさしくふれるくらいがちょうどいい。

Point!
つまむ位置を変えながら全方向に広げる

3

首を回しながら耳の外側を広げる

次に、後ろを振り返るように首をゆっくりと動かしながら、2を行う。首の血流が改善するので、首の動きがどんどんよくなっていくはず。

Point!
後ろを振り返るように首を動かす

V字耳リフト
左右各10秒×3回

リフトアップ　ほおのたるみ　目元のたるみ

たるみ筋はがし

筋肉を包む筋膜が硬直すると、筋肉の動きがさらに悪くなりたるみが生じます。顔・頭の筋肉につながる耳まわりの筋膜の癒着をはがせば、顔全体の引き上げ力が復活。

Point!
まんべんなく
小さくつまんで

1 耳の前をつまんでゆらす

耳の前からこめかみにあるのが前耳介筋。眼輪筋とつながっているので、目尻からほお骨あたりを小さくつまみ、筋膜のこびりつきをはがしていく。

2

耳の上をつまんでゆらす

耳の上にある上耳介筋は、顔を引き上げる側頭筋とつながっている。耳の上や側頭部をまんべんなくつまんで癒着をはがす。

つまめない人は
両手の指で寄せて

3

親指を耳の穴にひっかけ、耳まわりをつまんでゆらす

親指で耳の穴を軽く持ち上げ心地いい圧をかけながら、順にもみあげ、側頭部と耳のつけ根をいっしょにつかんでほぐす。首を「うんうん」「いやいや」と縦横に小さく振るとほぐれやすい。反対側も同様に。

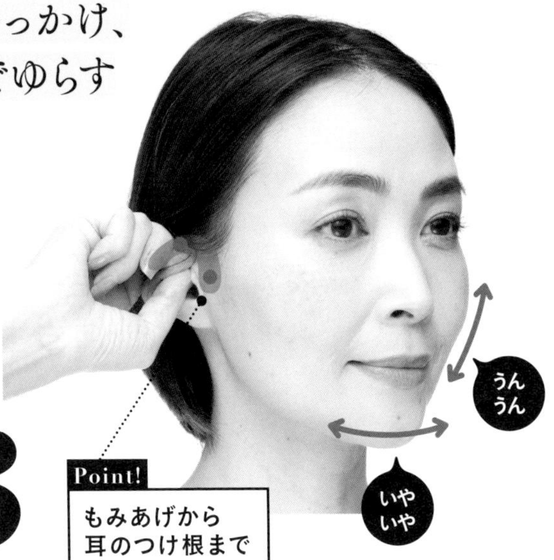
うん
うん
いや
いや

Point!
もみあげから
耳のつけ根まで

たるみ筋はがし
1カ所
×
10秒

リフトアップ　ほうれい線　輪郭のもたつき

耳ぎょうざポンプ

耳を折って回すことで、耳まわりの筋肉とツボ・反射区をいっぺんに刺激。一気にめぐりがよくなり、顔がぽかぽかしてシュッと引き上がります。

1

耳を半分に折りたたむ

人さし指と親指で耳の中央を後ろからはさみ、折りたたむ。痛みがある人は無理をせず、できるところまで折る。

2

くいしばり筋を軽く引っぱり耳を小さく回す

反対側の手で、くいしばり筋（咬筋）を軽くあご先方向に引っぱる。力が入らないよう口をぽかんと開け、耳を前回し、後ろ回しにする。

Point!
皮膚ではなく
筋肉をやさしく引っぱる

耳ぎょうざポンプ
1カ所
前回し、
後ろ回し
×
各10回

3

耳を折る位置を変えて小さく回す

耳を折るのは全部で3カ所。人さし指を耳の上部に添え、親指を耳のまん中に当てて折りたたむ。耳たぶに親指を添え、人さし指を耳のまん中に当てて折りたたんで回す。反対側も同様に。

ウォーミングアップとしてプラス

「耳呼吸」で顔の血流を復活させる

仕事などで集中していると呼吸が浅くなり、全身が緊張状態に陥ります。耳を引っぱりながら呼吸をすることでリラックスでき、めぐりがよくなり顔が軽くなります。

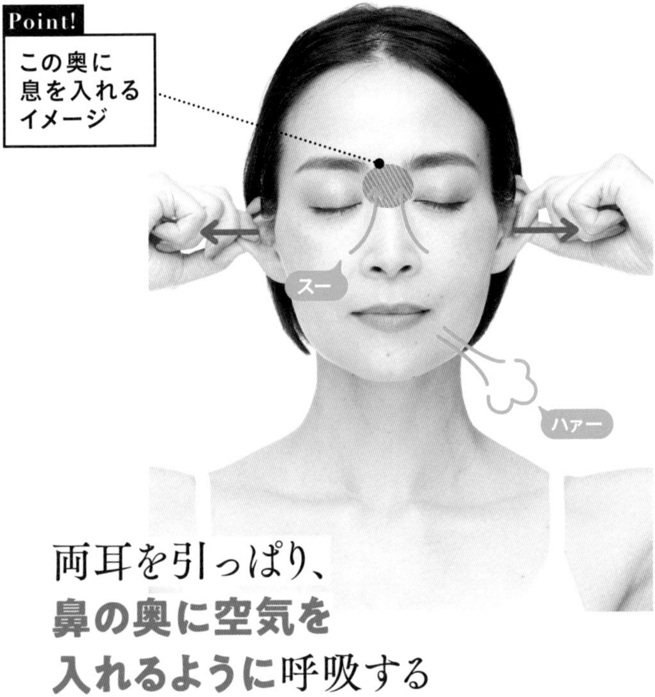

Point!
この奥に
息を入れる
イメージ
スー
ハァー

両耳を引っぱり、**鼻の奥に空気を入れるように**呼吸する

親指と人さし指で耳の外側を持ち、同時に引っぱる。鼻の奥に空気をとり込むようにゆっくりと息を吸って、しっかり吐く。耳から血流がよくなり、深い呼吸で全身の緊張がゆるみ、リラックスできる。

PART 2

間延びした顔の下半分を

引き上げ若々しく!

口まわりリフト

アナウンサーや歌手などは、年齢を重ねても顔の中央が高く、魅力的な表情をしています。それは口まわりの筋肉がきちんと使えているからです。口元がたるむと一気に老け込みますので、まずは口まわりから引き上げていきましょう。

ぷっくり立体顔をはばむのは「口まわりの筋肉の衰え」

50歳を超えると増えてくるのが、「上あごが使えていない」人。

年齢とともに、唇を持ち上げる筋肉がゆるんだり、唇を横に引っぱる筋肉がこり固まって、上あごが開けづらくなるのです。すると、食べ物をかむとき、話をするときに下あごばかりを使うようになり、鼻の下がさらにのび、ほおがたれてしまうのです。

話したり笑ったりするときに、上の前歯に上唇がかぶさって隠れてしまうのは、すでに口まわりの筋肉がゆるんでいる証拠。

また、口呼吸がクセになっている人も要注意。口が半開きになりがちで口を閉じる筋肉・口輪筋が衰えています。その代償として下あごを持ち上げるときに使うオトガイ筋によけいな力が入り、梅干しジワが寄ってあご下がたるみ、ぐっと老けて見えます。

まずは口を動かしづらくしている大頬骨筋やくいしばり筋（咬筋）のこりをほぐし、唇を持ち上げる上唇挙筋や口角挙筋、口輪筋などを鍛えましょう。口角が自然と上がり、唇もぷりっとして見えます。同時に鼻の下が短くなり、ほおに高さも出て、中央の高い若々しい顔によみがえります。

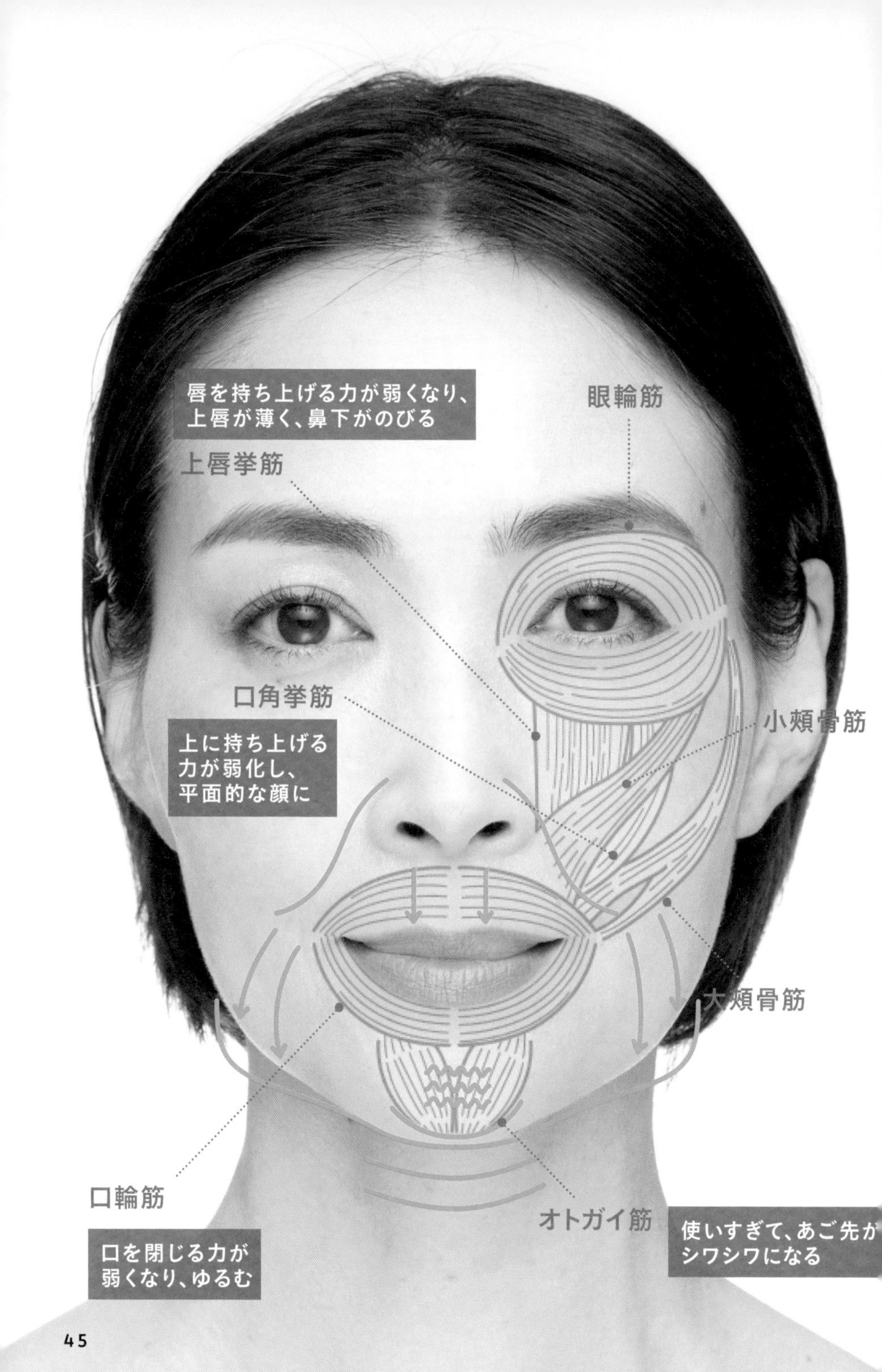
唇を持ち上げる力が弱くなり、
上唇が薄く、鼻下がのびる
眼輪筋
上唇挙筋
口角挙筋
上に持ち上げる
力が弱化し、
平面的な顔に
小頬骨筋
大頬骨筋
口輪筋
口を閉じる力が
弱くなり、ゆるむ
オトガイ筋
使いすぎて、あご先が
シワシワになる

口の中をよくかむのは老化サイン。「あご下」がたるんでない？

老化は表に見えるところだけでなく、顔の内側にも忍び寄ってきています。

最近、むせやすくなった、口の中をよくかむようになったという人は、咀嚼に使う咬筋などがかたく収縮し、口の中が狭くなっています。ストレスや緊張から奥歯を強くかみしめるのがクセになっていると、咬筋がカチコチになり、顔を下に引っぱってしまいます。

舌は本来、先端が上あごにつく位置にあるのが正しいのですが、口の中が狭くなると舌が下がり、そのためあごもたるみます。

首のこりも舌を下げる原因のひとつです。前かがみの姿勢で長時間いると、首が前に出て緊張します。首の前面には、舌につながる筋肉があるため、その筋肉も緊張して硬直し、動きが悪くなって舌が下がるのです。

舌の位置が下がるとものを飲み込む力が弱くなり、誤嚥（ごえん）のもとに。高齢になると誤嚥性肺炎のリスクも高まりますので、舌の筋肉も今から鍛えておきたいですね。

口腔内の機能低下は唾液分泌の減少につながり、口臭や虫歯のもとに。また、免疫力も落ちますので、いきいきと過ごすために、口まわりの筋肉の若さを保ちたいものです。

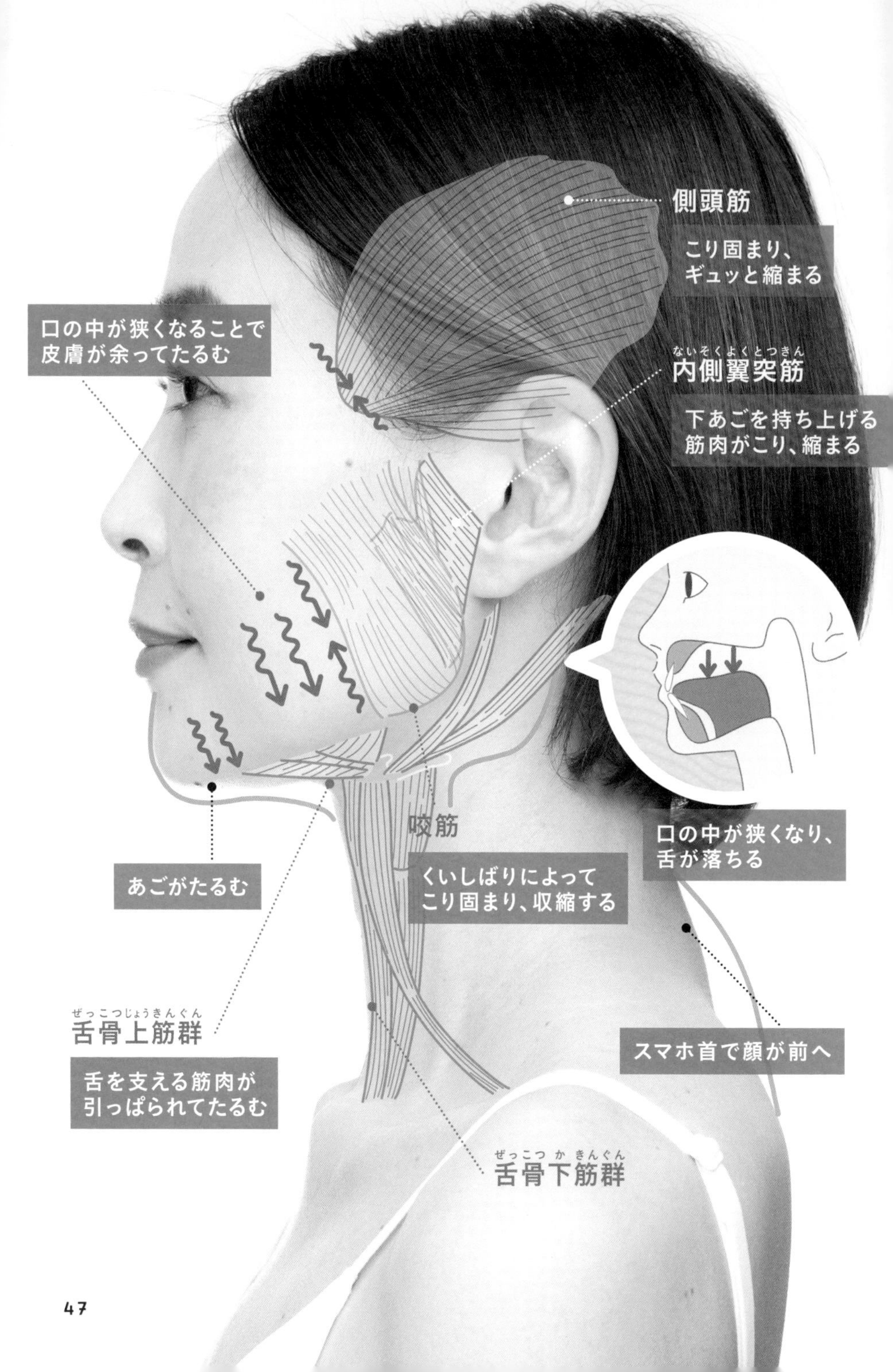
側頭筋
こり固まり、
ギュッと縮まる
口の中が狭くなることで
皮膚が余ってたるむ
ないそくよくとつきん
内側翼突筋
下あごを持ち上げる
筋肉がこり、縮まる
咬筋
口の中が狭くなり、
舌が落ちる
あごがたるむ
くいしばりによって
こり固まり、収縮する
ぜっこつじょうきんぐん
舌骨上筋群
舌を支える筋肉が
引っぱられてたるむ
スマホ首で顔が前へ
ぜっこつ か きんぐん
舌骨下筋群

自分では気づかない口まわりの筋肉の衰えがばれる！「斜め45度からの視線」に要注意

正面の顔よりも斜め45度から見た顔のほうが、老け見えサインが目立つという研究報告があります。顔の立体感がはっきり見える角度で、つまりたるみが目立つのです。しかし鏡で見るのは正面顔だけなので、斜めからの視線は意識しづらいのです。

試しに、斜めから写真を撮ってみてください。いかがでしょうか？　あご下の肉づきに、ぎょっとするかもしれませんね。ほおが斜めにたれて、立体感が失われていることにも気づくかもしれません。正面で見るよりも、のっぺりした感じが目立ちます。また、たれたほおが下にたまり、段差ができて影が濃く見えるのではないでしょうか。ほうれい線もくっきりときわ立ちます。

ほかの人からは正面より斜めから見られるほうが多いため、この「斜め45度」の顔の印象が、ほかの人から見たあなたの顔の印象なのです。逆にいえば、「斜め45度」が若々しくあれば、格段に好印象になるのです。

たるみはスキンケアやメイクだけではリカバーしにくいもの。村木式「たるみリフト」で斜め45度からでも立体的に見える顔をかなえてください。

人が見るのは正面より“斜め45度”の顔

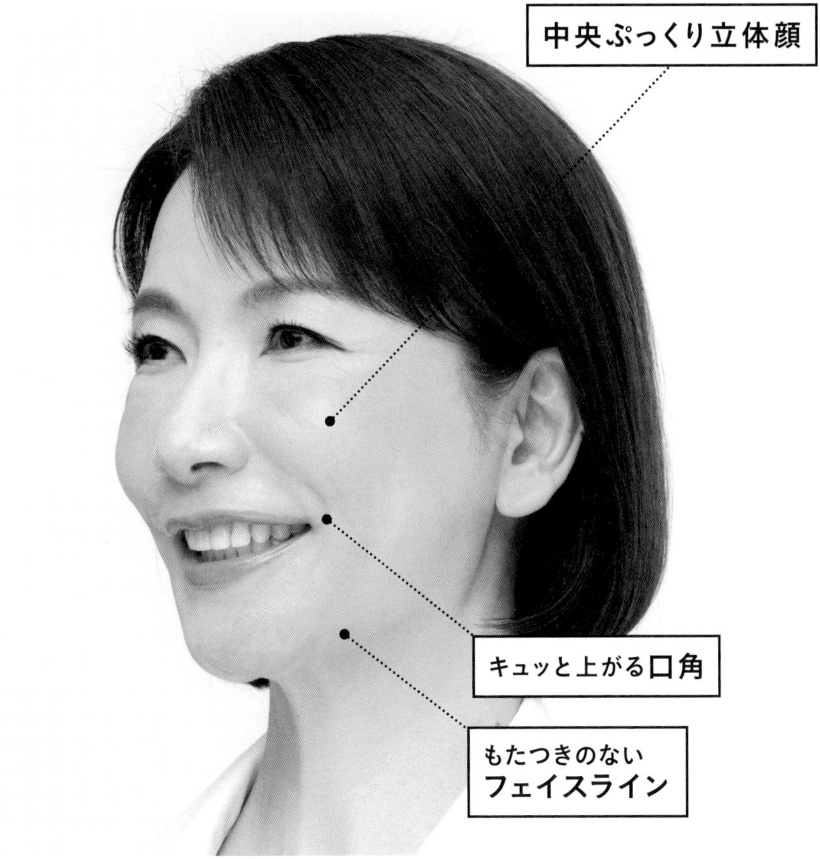

中央ぷっくり立体顔
キュッと上がる口角
もたつきのない
フェイスライン

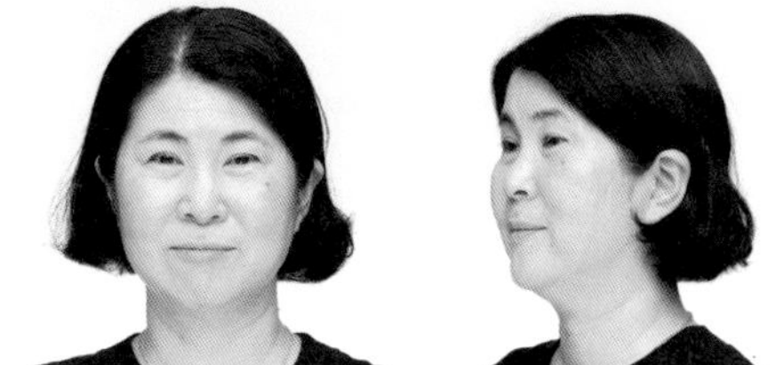

顔下半分の たるみは 斜め45度に よりあらわれる

正面からはわかりにくかった二重あごがくっきり。ほおに高さがないのもわかる。

斜めにたれ下がった
ほおをリフト

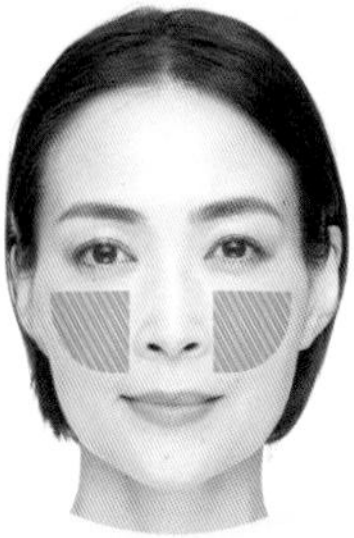

上唇を持ち上げる筋肉にアプローチ

ほうれい線を生む、たれたほおは、上唇を持ち上げる筋肉の硬直や、それによるゆるみがもと。上唇挙筋や小頬骨筋をほぐし、ほおのふっくら感をとり戻して。鼻の下も短縮。

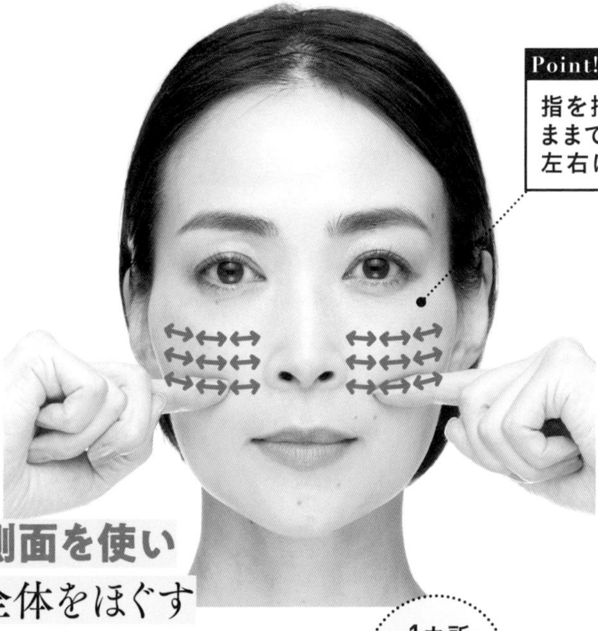

Point!

指を押し当てたままで小さく左右に動かす

1 指の側面を使い ほお全体をほぐす

ほお骨の下に人さし指の側面を当て、ぐっと押したまま左右に小刻みに動かす。少しずつ位置をずらし、ほお全体をほぐして。

1カ所×5回

Point!

上の前歯が見えるくらい
口を開ける

え

2

ほおの筋肉を押さえながら「えお」を繰り返す

繰り返す

小鼻の横の筋肉を人さし指と中指でとらえ、上あごを上方向に動かす意識を持ち、「えおえお」と大きく口を開ける。指の位置を変え、数カ所同様に行う。

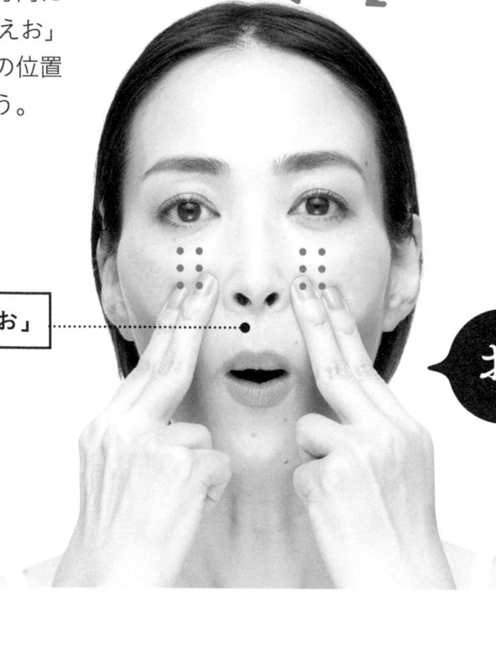

Point!

上あごを動かして「お」

お

1カ所
「えお」
×
5回

外に広がったほおをリフト

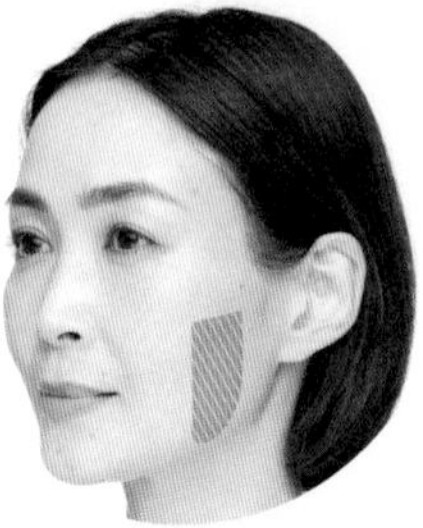

緊張して収縮した咬筋をほぐし引き上げ力を高める

くいしばりグセや、首のこりからかたくなった咬筋をていねいにほぐします。緊張がほどけることでほおを引き上げる動きが妨げられなくなり、めぐりも改善、肌のハリが戻ります。

Point!
親指で
圧をかける

1

親指をほお骨の下に当てる

右のほお骨の下に左手の親指の腹を当ててひっかける。人さし指と中指は耳後ろからエラを軽く押さえて固定する。

2

ほおの筋肉を押さえながら「あぐ」を繰り返す

親指で筋肉をしっかりととらえたまま、大きく口を開けて「あぐあぐ」と繰り返す。親指の位置をずらして3カ所、行う。

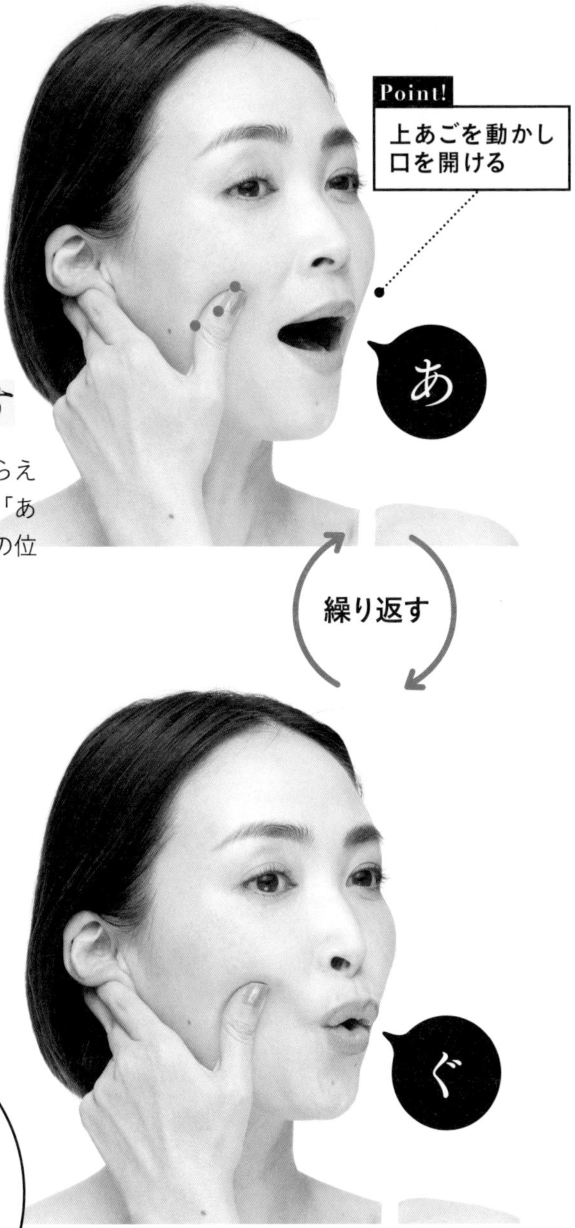

Point!
上あごを動かし
口を開ける
あ
繰り返す
ぐ

1カ所
「あぐ」
×
5回

反対側も同様に

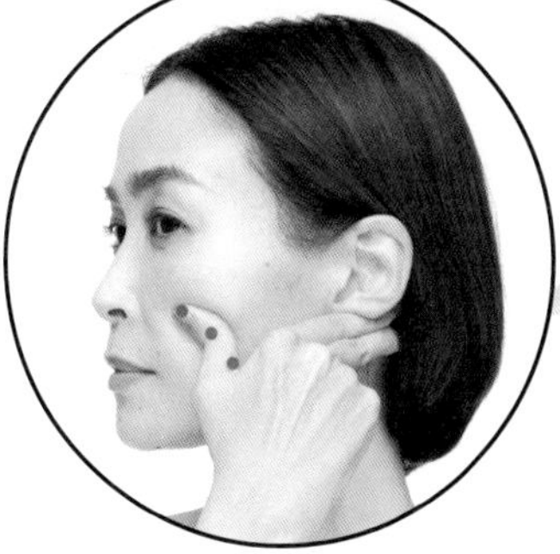

下に落ちたほおをリフト

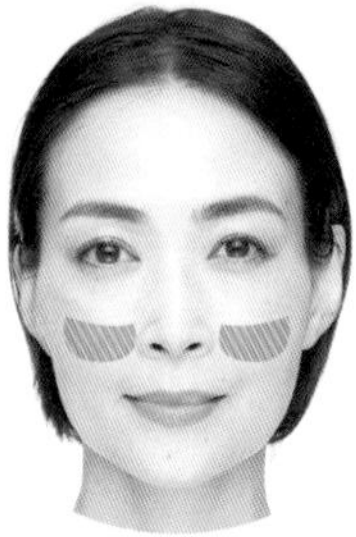

ほお骨から上へ引き上げ
顔の中心に高さを出す

口まわりの筋肉が衰えると、目の下の筋肉が下に引っぱられほおがたるみます。ほお骨にじんわりと圧をかけて、持ち上げることでほおの筋肉もほぐれ、弾力がよみがえります。

1

手のひらのつけ根をほお骨に当てる

テーブルや机にひじをつき、手のひらのつけ根をほお骨の下に沿わせるように当てる。視線は下げ、手のひらのつけ根で頭の重みを支えるイメージ。

Point!
テーブルにひじをつくとやりやすい

Point!
正面を向き、顔と体は傾けない
Point!
じんわりと
圧をかける

2

正面を向いたまま
ほお骨を押し上げる

視線を上げ正面を見て、じんわりとほお骨を押し上げる。顔が斜めにならないように注意して。くいしばりがある人は、口をぽかんと開けるといい。

10秒×3回

しぼんだあごにハリを出す

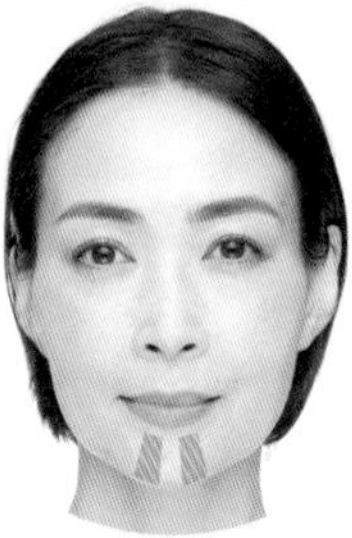

下あごを動かすオトガイ筋の硬直をゆるめる

口をすぼめるとあごにシワが寄りますね。そこがオトガイ筋です。口まわりの筋肉が衰えるとここに力が入り、シワシワに。スキンケアのついでにやさしくほぐしましょう。

〃うにうに〃

オトガイ筋を人さし指でほぐす

オトガイ筋は左右2カ所にあるので、片側ずつほぐす。人さし指を曲げ、カギの形にしたら側面を当て、小さな円を描くように動かす。移動しながら「うにうに」。反対側も同様に。

1カ所×5回

Point!
親指であごを固定

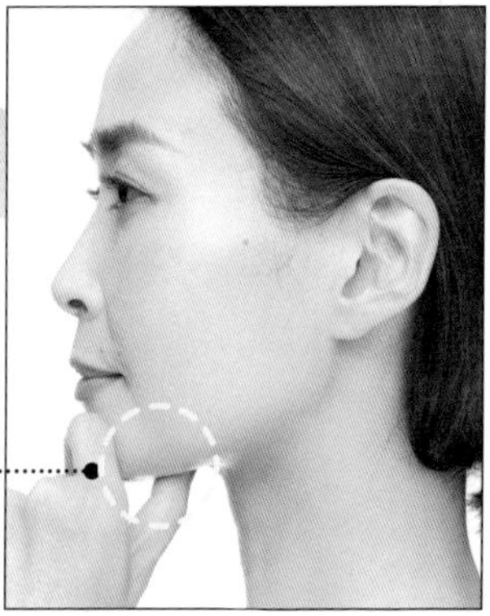

あご下のもたつきを解消

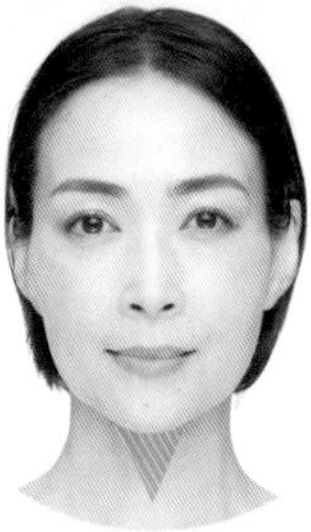

舌の筋肉を鍛えて あごのゆがみとたるみを撃退

あご下のもたつきは、舌のポジションが下がることが原因のひとつです。舌はほぼ筋肉でできていて、舌を支える筋肉もあります。大きく動かすことで鍛えられ、顔も上向きに。

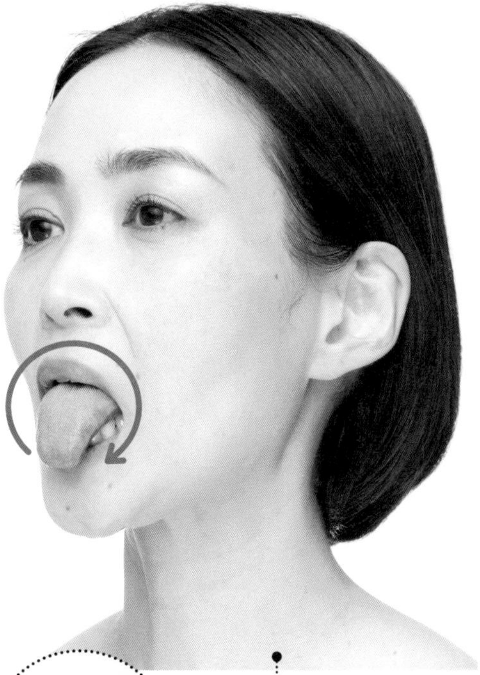

舌を 思い切り出し ぐるりと 円を描くように 回す

肩の力を抜き、正面を向いて舌を突き出す。口のまわりをなぞりながら回す。舌をしっかりと伸ばすことを意識して行って。

右回し、左回し×各10回

Point! 正面を向き 肩に力を入れない

二重あごをすっきり

首のこりをほぐしながら舌をトレーニング

パソコンやスマホ操作で首がこっていると、首前面の舌骨筋もかたくなり、舌やあごの動きが悪くなります。首のめぐりを促し、舌の筋肉を鍛えてすっきりとしたあごに導きます。

1

腕をクロスし、親指を**鎖骨にひっかける**

正面を向き、胸のところで腕をクロスする。親指を鎖骨にひっかけて固定する。肩が上がっていないか、鏡で確認をして。

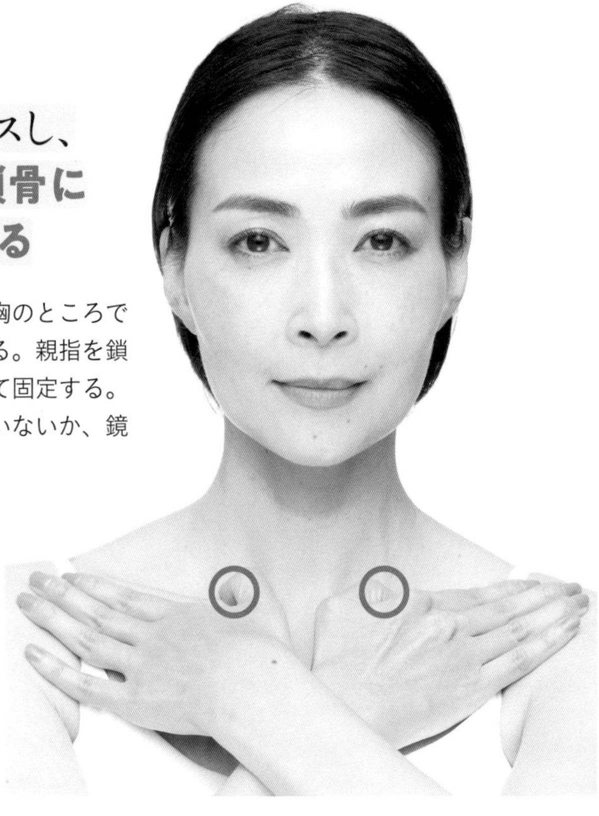

2

舌を上あごにつけ、上を向いて首を伸ばす

上あごに舌をつけ、あごを上げる。あご下から首がのびているのがわかればOK。後ろに傾けすぎると肩が上がってしまうので、45度くらいが目安。

10秒×3回

3

あごを上げて左右交互に傾ける

親指を鎖骨にひっかけ、上あごに舌をつけたまま、あごを右に傾けて首を伸ばす。左右交互に伸ばすと、首前面がほぐれてあご下がシュッとする。

Point!
首をしっかり伸ばしたまま
あごを動かす

左右各10秒×3回

落ち舌を戻し、口元を引き締め

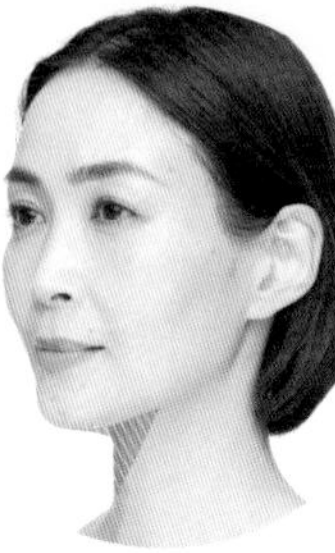

舌につながる舌骨筋群（ぜっこつきんぐん）を刺激して支える力を高める

舌骨筋群は首の前面にあり、舌の筋肉につながっています。舌だけでなく頭も支えているため、負荷がかかり、加齢とともに衰えがち。筋肉をほぐしながら鍛えて、引き締めます。

1

親指と人さし指で**舌骨を押さえる**

舌骨はのどぼとけよりも少し上にあり、あご下から指をすべらせていくとひっかかるところ。親指と人さし指で押さえる。力を入れると息苦しくなるので、注意。

Point!

あご下から指をすべらせひっかかるところが舌骨

2 あごを上げたまま巻き舌で「らりるれろ」と言う

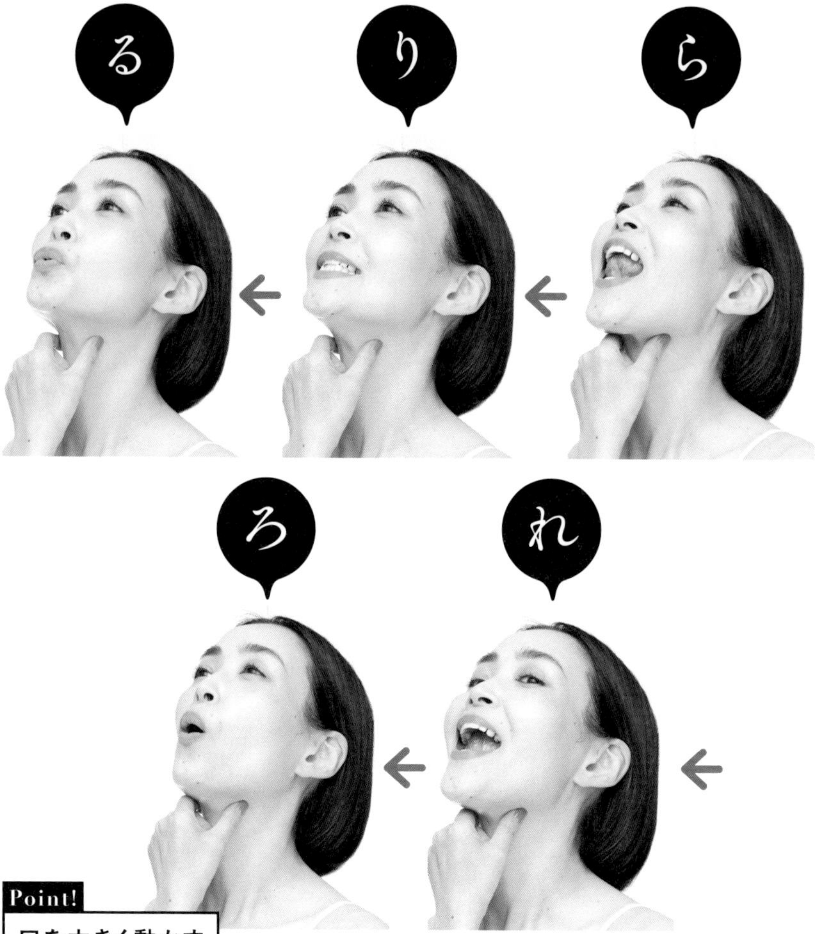
ら
り
る
れ
ろ

Point!

口を大きく動かす

舌骨を押さえたまま軽くあごを上げ、「ら・り・る・れ・ろ」と大きく口を動かす。巻き舌で英語っぽく発音するのがコツ。一音、一音はっきりと！

「らりるれろ」×5回

下がった口元を上向きに

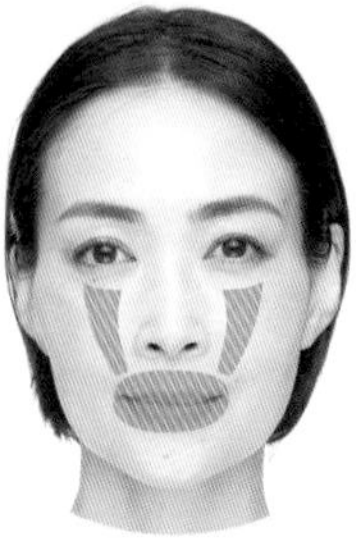

口まわりの筋肉を鍛え
ほおから唇までをぷっくりリフト

マスクの中でついぽかんと口を開けていた人は、口を閉じる力が弱まっています。口まわりの口輪筋と口角を上げる筋肉を同時に鍛え、口角の上がった好印象顔に。

1

あごの骨を押さえ、唇を内側にしまう

下あごが動かないように、人さし指と親指で押さえて固定する。唇をすべて内側にしまって口を閉じる。指がすべるときは、ティッシュペーパーをはさむといい。

2 唇をしまったまま **口角を上げて**10秒キープ

Point!
あごが動かないように押さえる

上あごの筋肉を使う意識を持ち、口角を上げてニッコリ。上唇を持ち上げる筋肉に刺激を与えることで、ほおにボリュームが出て、ほうれい線も気にならなくなる。

10秒×5回

のびた鼻下を引き上げ

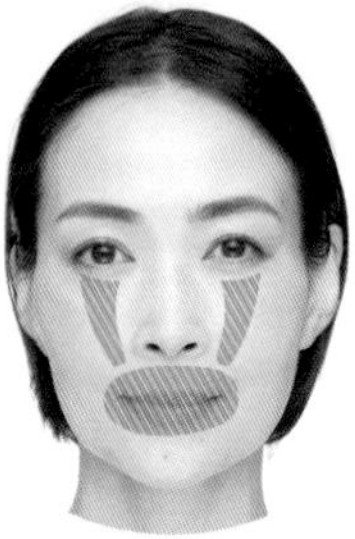

上唇挙筋や口輪筋を鍛え 顔下半分の魅力をアップ

口元の筋肉がゆるむと、鼻下がのびて老け顔に。また、口呼吸になっていると、鼻の筋肉がゆるんでぼてっとした印象になります。口元から鼻の筋肉を鍛え、鼻筋をシャープに。

口を「う」の形にし、ぐるりと1周回す

鼻から息を吸って、鼻の穴をすぼめてから唇を突き出し「う」の形にする。この形を保ったまま、口を大きく円を描くように回す。鼻下、鼻わきの筋肉も意識して動かすのがコツ。

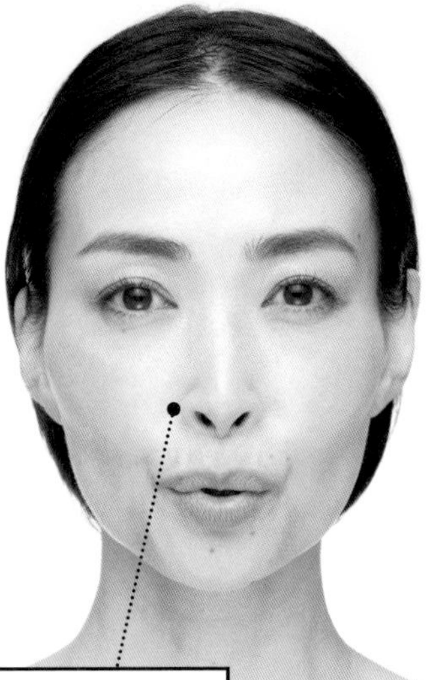

Point!
鼻の穴を
小さくすぼめるように
小鼻を寄せる

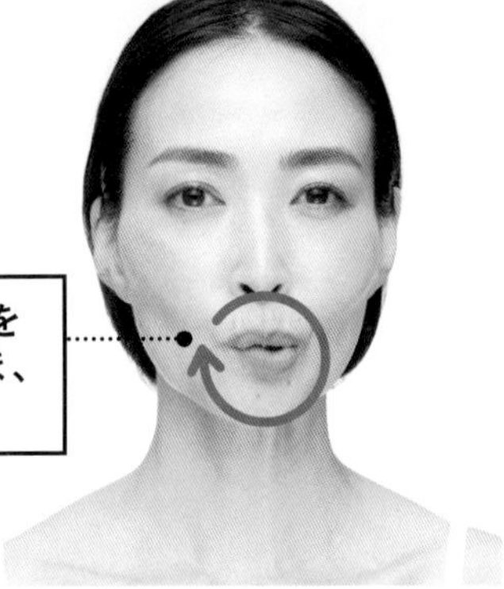

Point!
「う」の形を
保ったまま、
回す

右回し、
左回し
×
各10回

PART 3

ぼやけた顔を
くっきり印象的に

鼻・目元リフト

鼻も加齢でたるむことはあまり知られていませんが、実は年齢とともに鼻下が下にのび、小鼻が横に広がっていくのです。顔の中心にある鼻がたるむと、立体感のある顔から遠ざかってしまいます。気になる目元のたるみと合わせ、中央のふっくらした若々しい顔を目指して。

加齢で鼻もたるみ、横広がりに。顔の中心がぼやけて締まりがなくなる

もっと鼻が高かったらよかったのに、なんで私の鼻は丸っこいんだろう……。

鼻に対するコンプレックスをいだいている人は少なくありません。しかし、鼻の形を変えるのは難しいと、特にケアをしないまま年齢を重ねてきたのではないでしょうか。

毎日のように見ているので気づかないかもしれませんが、鼻の形は日によって変わります。加齢により肥大化する傾向もあります。

目の疲れや、ほおの筋肉のこりによって鼻のめぐりが悪くなり、むくむのが原因のひとつ。眼鏡をかけている人は、鼻のつけ根が終始圧迫されていますから、常にむくんだ状態になっている可能性が高いのです。

上唇を持ち上げる上唇鼻翼挙筋、上唇挙筋が衰えるとほおがたれ下がり、鼻が横に引っぱられて広がります。加齢で肌のハリも失われていくので、高さがなくなり締まりのない形に変化していきます。

でも、安心してください。毎日コツコツとケアすることで、鼻筋が通るようになります。鼻にメリハリが出るだけで立体感が増し、見た目年齢を10歳若返らせることも夢ではありません。

鼻がたるむ理由

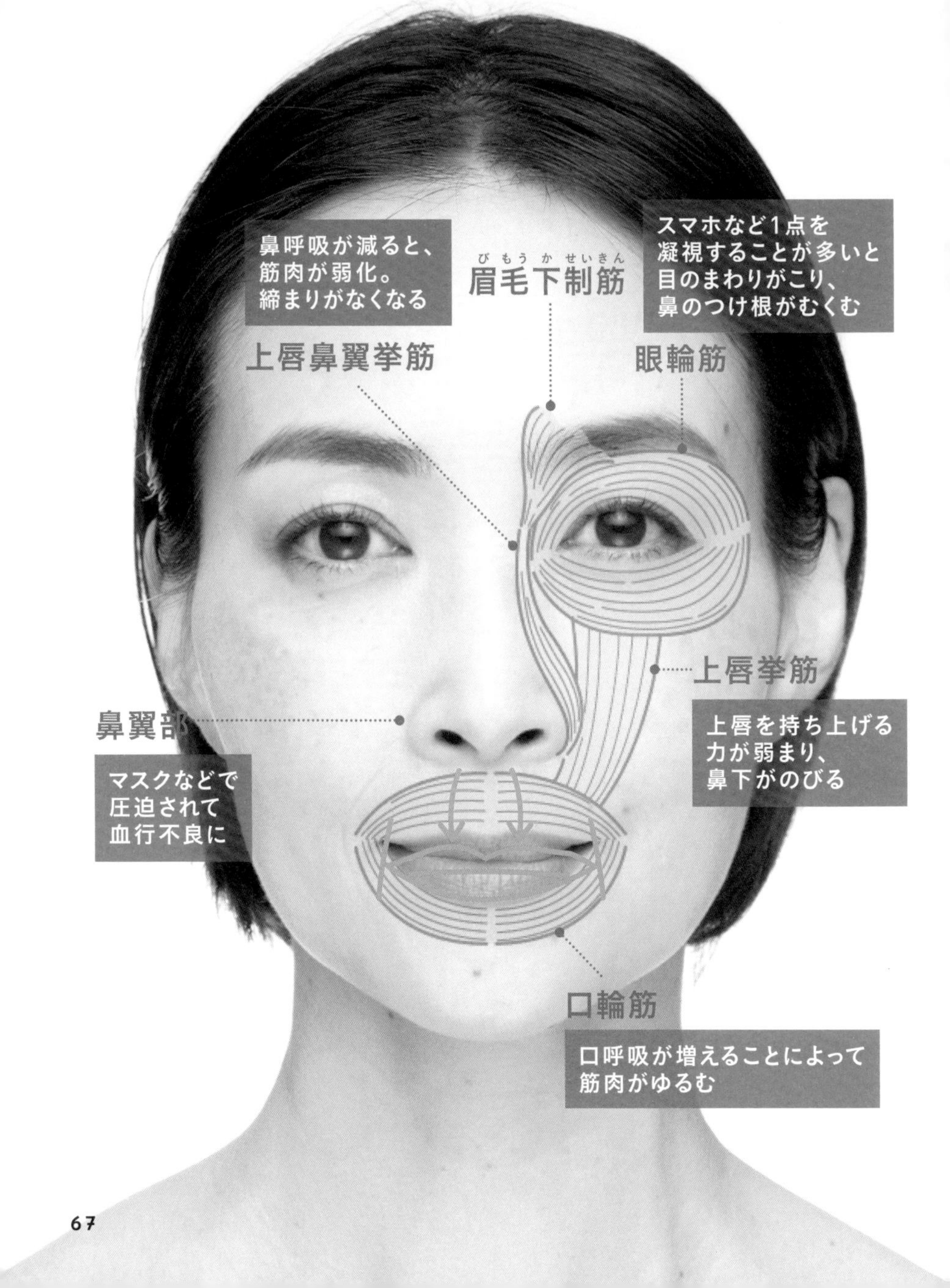
鼻呼吸が減ると、
筋肉が弱化。
締まりがなくなる
眉毛下制筋（びもうかせいきん）
スマホなど1点を
凝視することが多いと
目のまわりがこり、
鼻のつけ根がむくむ
上唇鼻翼挙筋
眼輪筋
上唇挙筋
上唇を持ち上げる
力が弱まり、
鼻下がのびる
鼻翼部
マスクなどで
圧迫されて
血行不良に
口輪筋
口呼吸が増えることによって
筋肉がゆるむ

横広がりの鼻に高さを出す

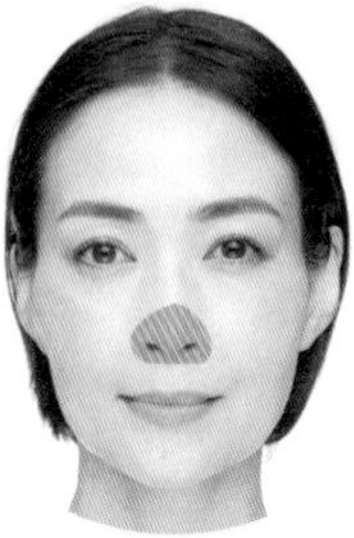

鼻翼部に圧をかけ
リンパの流れをよくする

動かすことがほとんどない鼻は老廃物がたまりやすい部位です。小鼻をつまみながら口を大きく動かすことでリンパの流れがよくなり、口元から鼻がキュッと上がります。

1

小鼻をつまみ「えお」を繰り返す

親指と人さし指で小鼻を上からつまみ、圧をかける。前歯を見せて「え」、鼻の下を伸ばして「お」と発声。口元の筋肉にもアプローチ。

え

繰り返す

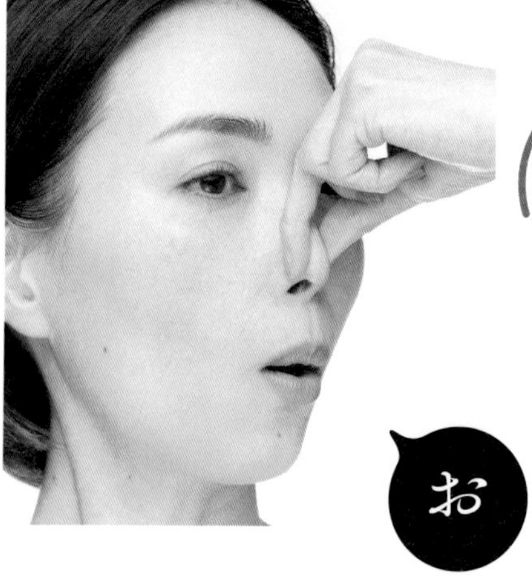
お

「えお」×10回

2

小鼻をつまみ「うお」を繰り返す

1と同様に小鼻をつまみ、口をすぼめて「う」、鼻下を伸ばして「お」と大きく口を動かして発声。上唇も上がりやすくなり、魅力的な表情になる。

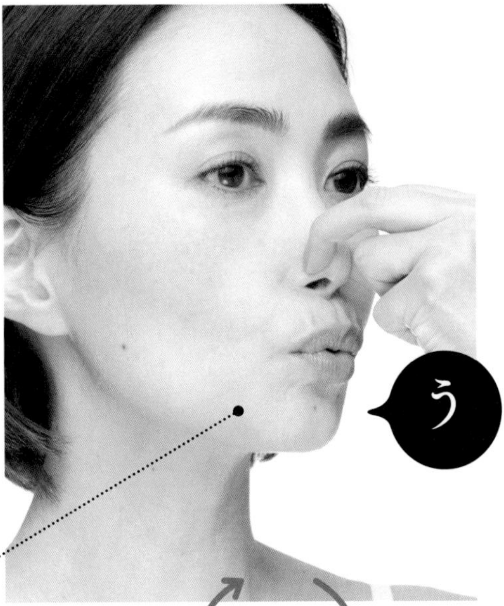
う

Point!
口を大きく動かす

繰り返す

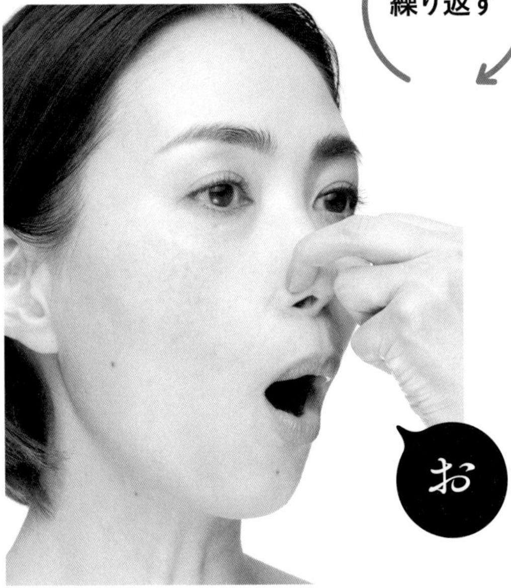
お

「うお」× 10回

むくみをとり鼻筋を通す

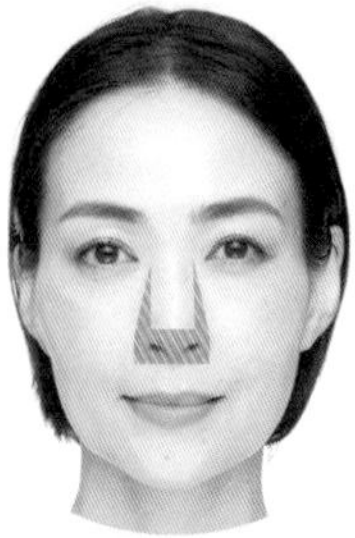

筋肉とツボを同時に刺激し シャープな鼻に

鼻のわきには、鼻の通りをよくしほおのむくみを解消する迎香（げいこう）、鼻通（びつう）、目の疲れに効く睛明（せいめい）というツボがあります。筋肉のこりをほぐしながら滞りを改善し、鼻をくっきりと。

1 小鼻をつまんで「えお」を繰り返す

親指と中指で小鼻のきわをつまみ、 圧をかけながら「え」「お」と口を大きく動かして発声。指がすべるときは、ティッシュペーパーの上からつまむとやりやすい。

「えお」×10回

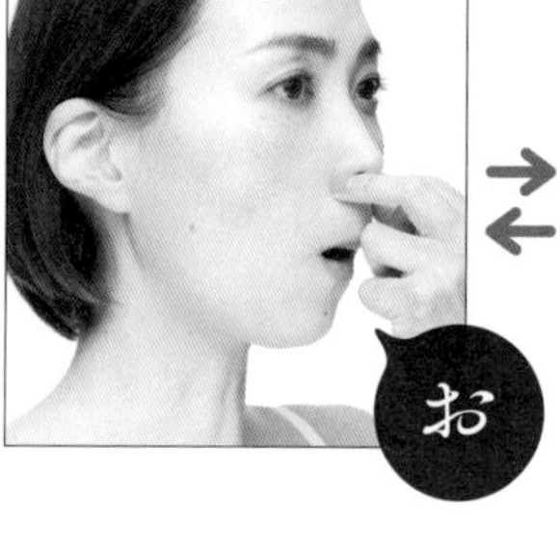
お

え

Point!
圧をかけながら
小刻みに動かす

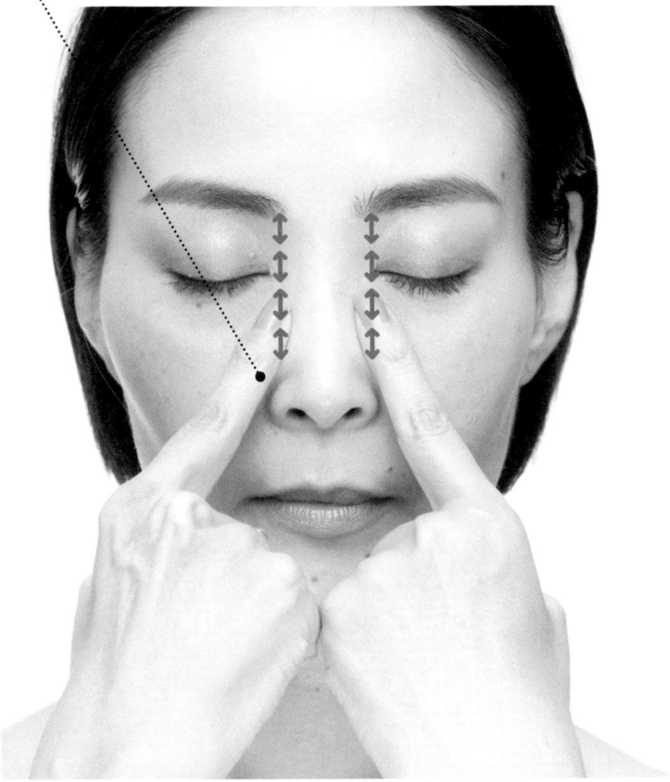

2 鼻の両わきを指の腹でほぐす

人さし指の腹を鼻のキワに押し当て、縦方向に小さく動かしてこりをほぐす。皮膚を引っぱらず、骨に圧をかけるイメージで動かすのがコツ。眉頭の下までまんべんなく行って。

1カ所
×
5回

老け顔に直結する目元のたるみ。目力半減でぼやけ顔に

現代人は、スマホやタブレットなど小さい画面を集中して見ることが多く、目のまわりの筋肉だけでなく、眼球を動かす筋肉までもお疲れ状態です。さらに、スマホを手元で操作するため、視線が下がりやすく、眼球からたるみが起こっているのです。

目の下がふくれてたるんでいるのは、下ばかり見ていることで外眼筋が下向きにこり固まり、眼球を保護している眼窩（がんか）脂肪が前にせり出してくることも原因と考えられています。ふくらみが大きくなると、目の下に影ができてどんよりとした印象を与え、老け顔に。

目が疲れると側頭筋がギュッと縮まり、支えられなくなった目まわりがたるみます。疲労やストレスによってくいしばりが強くなり咬筋が硬直すると、眼輪筋と口輪筋をつなぐ筋肉が咬筋に引っぱられ、目の下からほお全体がたれ下がり、締まりのないぼやけ顔になるのです。

下まぶたを閉じる眼輪筋の弾力をとり戻し、眼球を動かす筋肉の緊張をほぐすことで、目の下のたるみが改善されます。目の下がすっきりとし、ほおもぷりっと高くなるので、中央高めの理想の顔に近づきます。

目元がたるむ理由

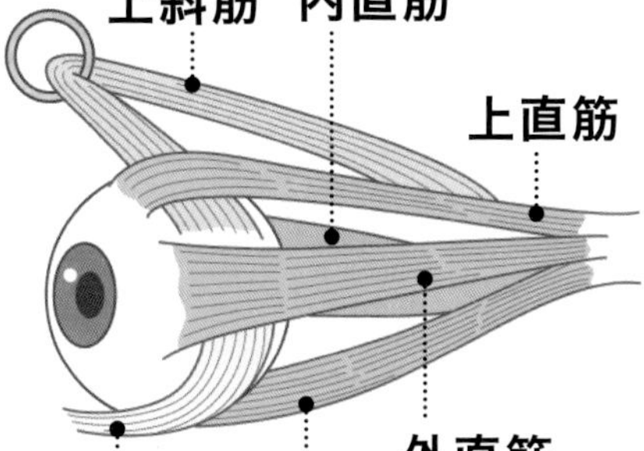
上斜筋
内直筋
上直筋
外直筋
下斜筋
下直筋

1点を凝視することで眼球の筋肉が緊張する

スマホを見ていると、同じ距離で一方向を集中して見る時間が長くなるため、眼球を動かす外眼筋（がいがんきん）の一部がカチコチに。下ばかり見ていると、下向きで筋肉がこり固まり、目の下のたるみにつながります。

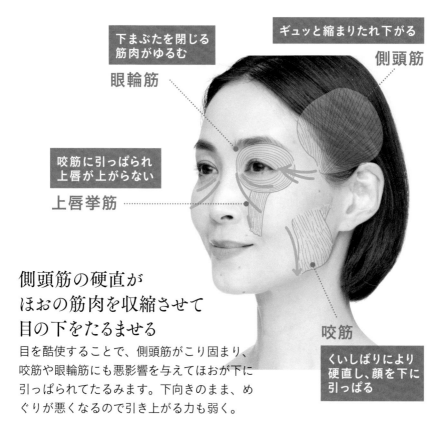

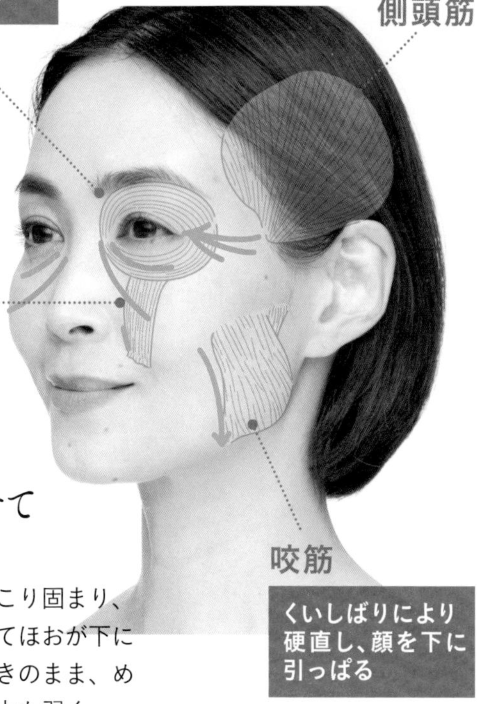
下まぶたを閉じる
筋肉がゆるむ
眼輪筋
ギュッと縮まりたれ下がる
側頭筋
咬筋に引っぱられ
上唇が上がらない
上唇挙筋
咬筋
くいしばりにより
硬直し、顔を下に
引っぱる

側頭筋の硬直がほおの筋肉を収縮させて目の下をたるませる

目を酷使することで、側頭筋がこり固まり、咬筋や眼輪筋にも悪影響を与えてほおが下に引っぱられてたるみます。下向きのまま、めぐりが悪くなるので引き上がる力も弱く。

眼球体操で目の下がりを解消

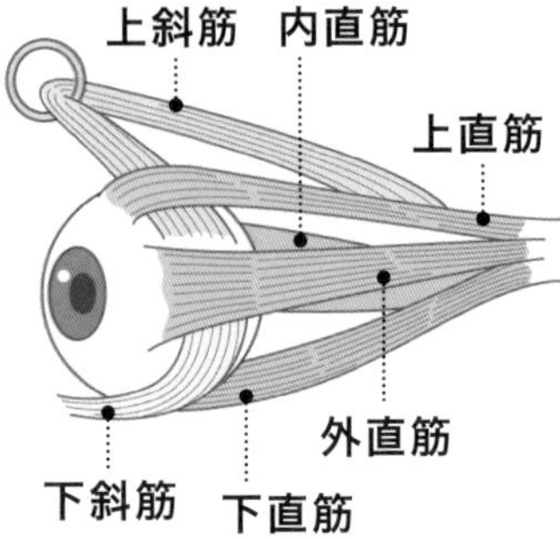

上斜筋
内直筋
上直筋
外直筋
下斜筋
下直筋

全方向に眼球を動かし外眼筋の緊張をほぐす

外眼筋と呼ばれる眼球を動かす6つの筋肉は、スマホなどの酷使で硬直しがち。一方向だけでなく上下左右に動かせば筋肉の緊張がゆるみ、眼球の下がりやまぶたのたるみが改善。

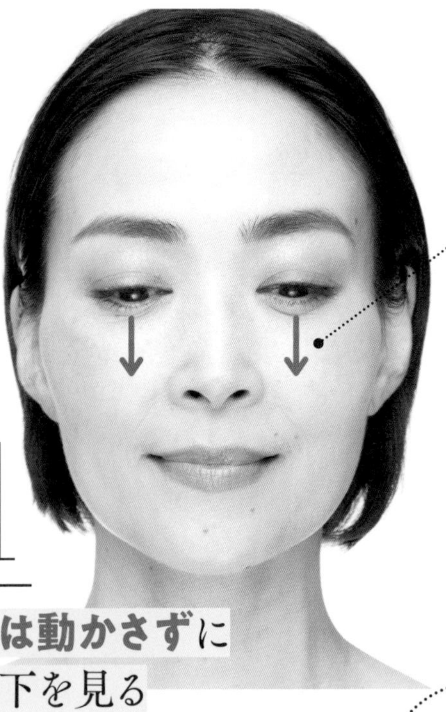

Point!
足元を見るように
真下に動かす

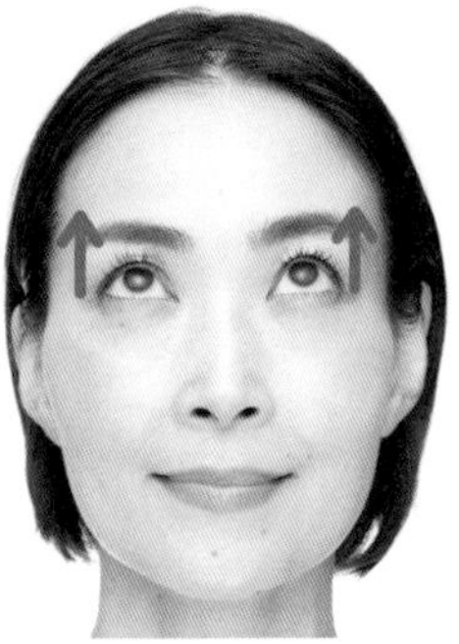

1 顔は動かさずに上下を見る

顔は正面のまま、眼球だけを動かして真下を見て3秒キープ。次に天井を見るイメージで、眼球をゆっくりと上に動かして3秒キープ。

上下 各3秒 × 10回

2

耳の穴を のぞくイメージで 左右を見る

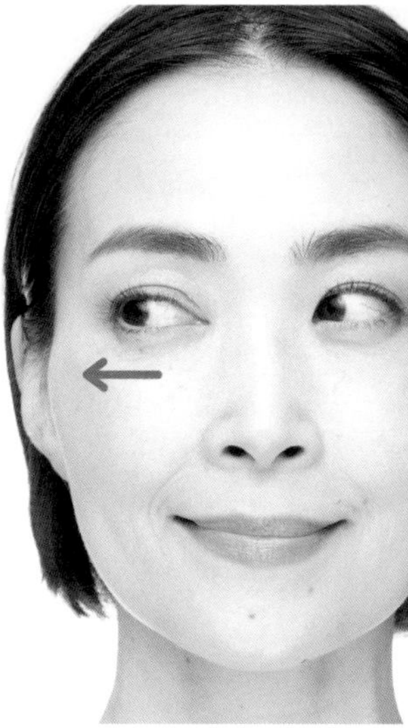

顔は正面のまま、ゆっくり右に眼球を動かし、3秒キープ。左も同様に。耳の穴をのぞくようにすると、筋肉がしっかりと動き、めぐりがよくなる。

左右
各3秒
×
10回

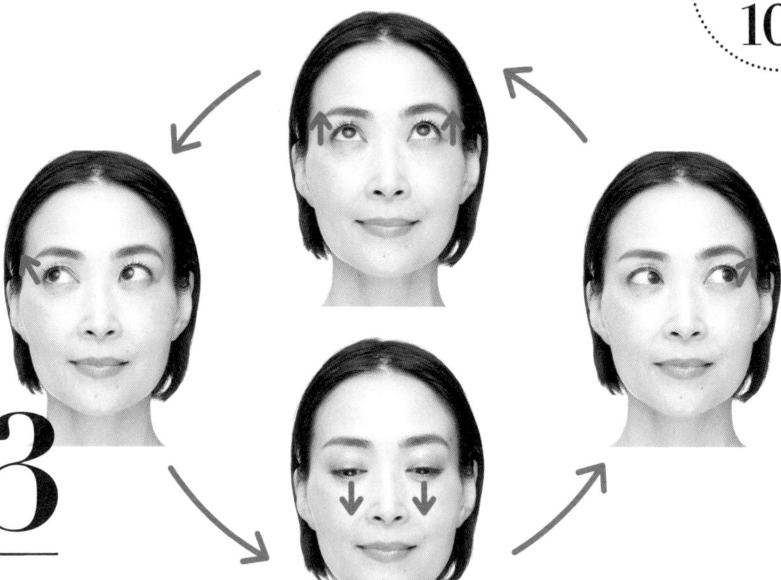

3

ゆっくり1周する

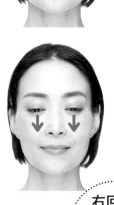

外眼筋の緊張がほどけたところで、顔を正面に向けたまま、眼球だけを動かし360度全方向を見る。上、右斜め上、右……と1周したら、逆回りに。

右回し、
左回し
×
各10回

下まぶたの筋肉を活性化

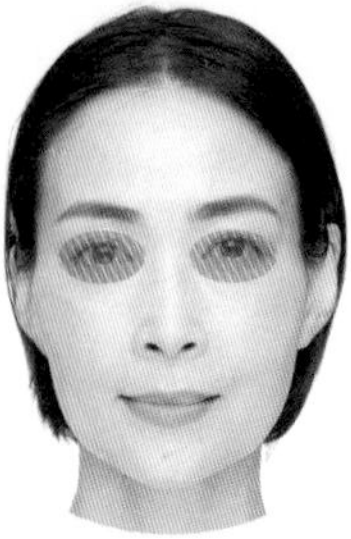

顔を持ち上げる筋肉にアプローチ

目の開け閉めに使う筋肉が眼輪筋。しかし、下まぶたを使えていない人がほとんど。弾力がなくなって脂肪がたまりやすくなるので、心地いい圧をかけてハリをとり戻しましょう。

いや
いや

1

目の下に指を当て「いやいや」

人さし指の第1〜2関節の側面を目の下のくぼみに当て、軽く圧をかける。そのまま首を横に「いやいや」と小さく振り、眼輪筋をほぐす。

2

Point!
骨に指を
押し当てる
ようにする

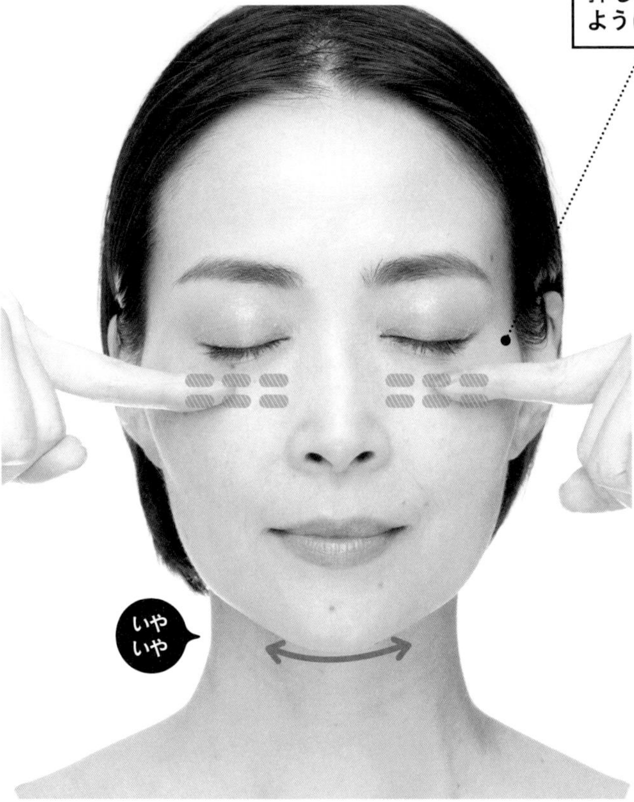
いや
いや

指の位置を少しずつ外へずらし、3カ所行う

1カ所「いやいや」×10回

指を当てる位置を1cmくらい外にずらし、軽く圧をかけて「いやいや」。さらにずらして同様に行う。指1本分下も3カ所、「いやいや」とほぐして。

ほおから下まぶたをリフト

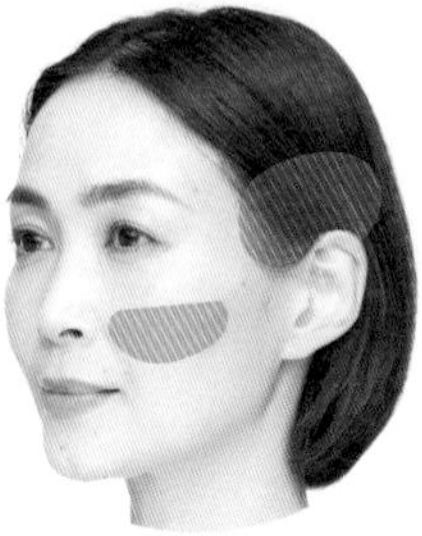

側頭筋からアプローチし ぐいっと引き上げる

目の酷使やくいしばりでかたくなった側頭筋をほぐし、ほおのたるみを改善します。さらに、ほおの筋肉を持ち上げてボリュームを出し、目の下のたるみを目立たなくさせます。

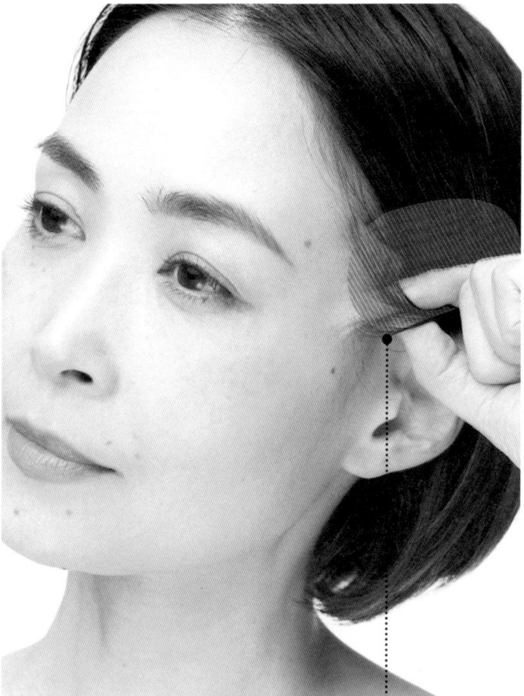

1

側頭部をつまんでほぐす

疲労からギュッと縮まっている側頭筋。筋膜の癒着をはがすように、親指と人さし指で小さくつまんでゆらす。特に、老廃物がたまりやすい生えぎわをていねいに行って。

1カ所
×
10秒

Point!

生えぎわから髪の中までまんべんなく

2 ほお骨に親指を当て、**持ち上げるように**圧をかける

親指の腹をほお骨にひっかけ、人さし指をおでこに添える。ほおを持ち上げるように下から圧をかけ、「いやいや」と小さく首を振る。力まないように注意。

いや
いや

1カ所
「いやいや」
×
5回

Point!

ほお骨に沿って
親指の位置を変えて
3カ所行う

たるみリフト Q&A

Q 効果はどれくらいで感じますか？

A 1回でも実感できますが継続することで若々しい顔が保てます

26ページ〜でモニターの方が実証しているように、1回のケアでもほおやあごのたるみが改善されます。継続することで、リフトアップの力と持続性が高まります。ぜひ毎日続けてみてください。

Q 一日のうち、いつ行うのがいいですか？

A 休憩時間などこまめに行うことで効果が持続します

時間帯や回数に決まりはありません。朝晩のスキンケアのとき、仕事の休憩時、トイレに行ったときなど、一日の中でこまめに行うことが大切です。筋肉の柔軟性とめぐりが常によい状態を目指して。

Q 本の中にあるメソッドはすべてやったほうがいい？

A まずはPART1の耳まわりをほぐすメソッドから始めて

たるみを引き上げるには、耳まわりをほぐすと効率がよく、効果も実感しやすいです。まずはPART1の3つを続けてください。次に、気になるたるみ、こりにアプローチするメソッドをプラスして。

Q ほぐすときに痛みを感じます。続けて大丈夫？

A 痛みがあるのはこっている証拠。少しずつほぐしましょう

力かげんは、「イタ気持ちいい」くらいがベストです。激痛が走るところは、かなりカチコチになっているので、力を入れすぎず少しずつゆるめてください。続けるうちにほぐれていきます。

PART 4

顔のたるみは背中のこりから!

リフトアップ力を高める

首・背中リセット

「たるみリフト」の効果を高めるには、首や背中のこりをほぐすことも重要です。首や背中がこっていると、顔を引き上げる力が弱まったり、顔が前に突き出した姿勢が固定化し、たるみが助長されます。首や背中の柔軟性をとり戻し、リフトアップ力を高めましょう。

こり固まり「前に出た首」や「広くなった背中」が顔のたるみの原因

スマホが手放せない生活になったことで、背中が丸まり、首が前に突き出した姿勢の大人の女性が増えています。これは背中や首の筋肉がこり固まってしまっているから。

顔の皮膚や、筋肉を包む筋膜は頭と首とつながっています。背中や首がこって、まちがったポジションにあると、背中から顔を引き上げる力が弱まったり、首に引き下げられたりして、顔のたるみが起こりやすくなります。

また、背中や首のこりは見た目年齢を大きく引き上げます。テレビ番組で、後ろ姿だけで年齢を当てるという企画がありますよね。自分では気づきにくいですが、背中が丸まってわきや腰まわりがたるんでいると、それだけでぐっと老けて見えます。さらに首が前に突き出てあご下や首の前がもたつくと、いくらきれいにメイクをしていても、老け見えは避けられません。

背中も年齢とともにどうしても筋力が落ち、それを補おうとしてこりやすくなりますから、意識してケアすることが全身のたるみ解消のためには重要なのです。

足裏から頭まで筋膜でつながっているので背面から引き上げるのが大切

私たちの体の筋肉は、線維でできたネット状の「筋膜」で、全身つながっています。ですから、一部の筋肉がこっていると、ほかの筋肉を正しく使えない状態で固めてしまったり、別の部分をゆるませてしまうという悪影響を及ぼします。足のゆがみが顔のたるみを引き起こすこともあるのです。こっている部分だけほぐせばいいというわけではなく、全身に働きかけなければ根本の改善にはなりません。

逆にいえば、顔の「たるみリフト」と同時に、背中や首、肩、腕、足のこりをケアすれば、リフトアップ効率は格段に上がるということ。血液やリンパのめぐりも改善し、全身が若返ってきます。

背中には大きな筋肉・僧帽筋と広背筋があります。この筋肉の引き上げパワーを使わない手はありません。弾力をとり戻し、しなやかに動く背中にすることで、後ろからぐいっと顔を引き上げてくれます。重たいリュックを背負うと、後ろに引っぱられる感覚がありますよね。あの感覚で顔を引き上げるのです。

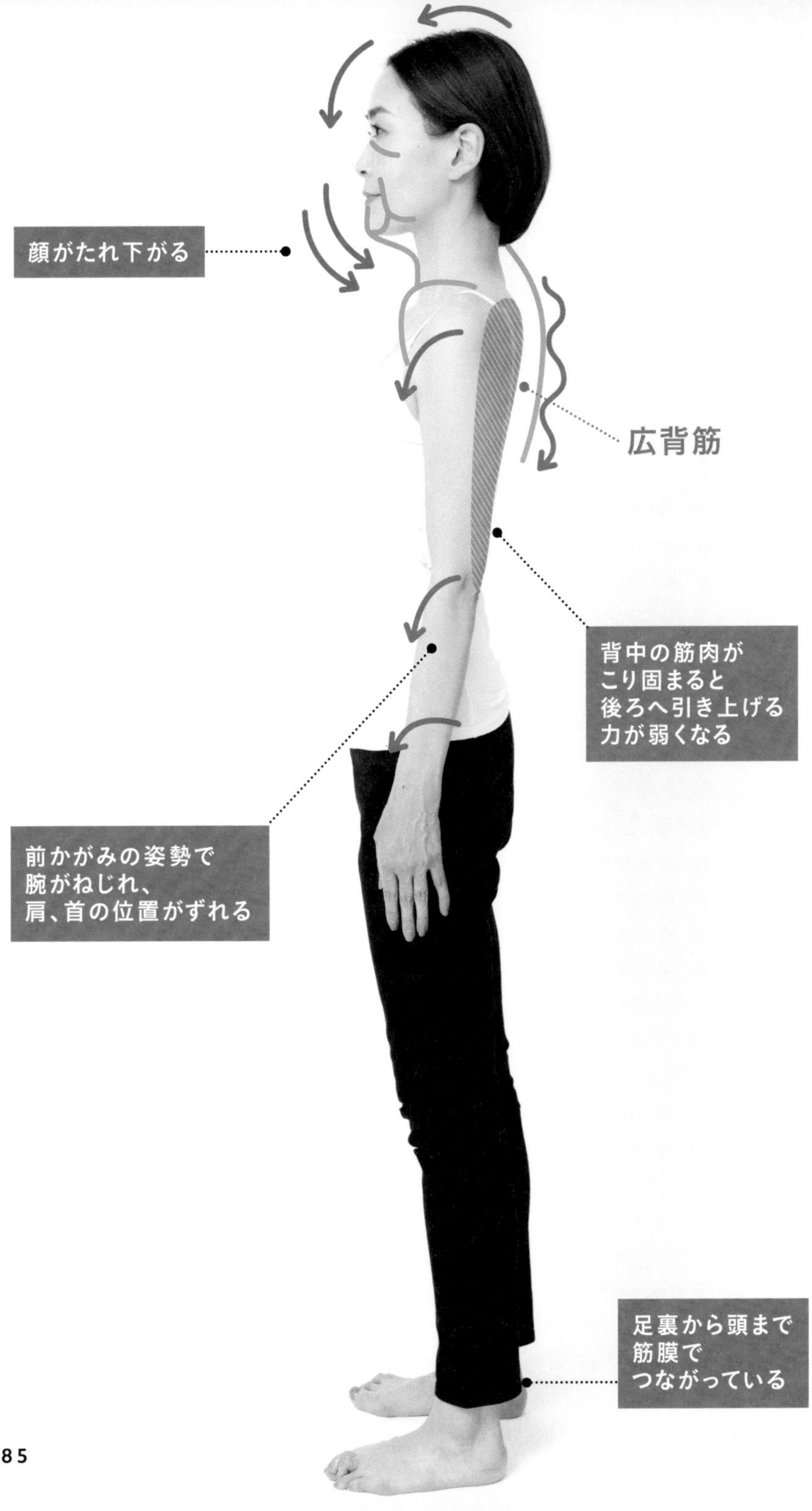
顔がたれ下がる
広背筋
背中の筋肉がこり固まると後ろへ引き上げる力が弱くなる
前かがみの姿勢で腕がねじれ、肩、首の位置がずれる
足裏から頭まで筋膜でつながっている

長時間前かがみの姿勢でいると首がかたくなり、顔がたるむ

ねこ背や巻き肩などまちがった姿勢がクセになると、首が前に引っぱられてかたくなります。最近ではストレートネックやスマホ首と呼ばれる状態です。首には太い血管やリンパが集中していますから、こわばることで流れが滞り、顔のたるみを招きます。

首が前に出ると顔を正しい位置に戻そうと頭や顔の筋肉が踏んばり、カチコチにかたくなります。すると、くいしばり筋が収縮し、あごが下に引っぱられて、たるみや大顔になるのです。首にある太い筋肉・胸鎖乳突筋は鎖骨とつながっていますから、鎖骨まわりにあるリンパの通りが悪くなり、さらにむくみを助長します。

また、前かがみの姿勢になると胸が縮まり、肋骨まわりの呼吸筋も硬直し、呼吸が浅くなります。酸素が十分にいきわたらず、集中力の低下、疲労などの不調、老化の加速につながっていくのです。

背中だけでなく、首のこりもしっかりとほぐし、顔を引き上げる力とキープ力を高めていきましょう。

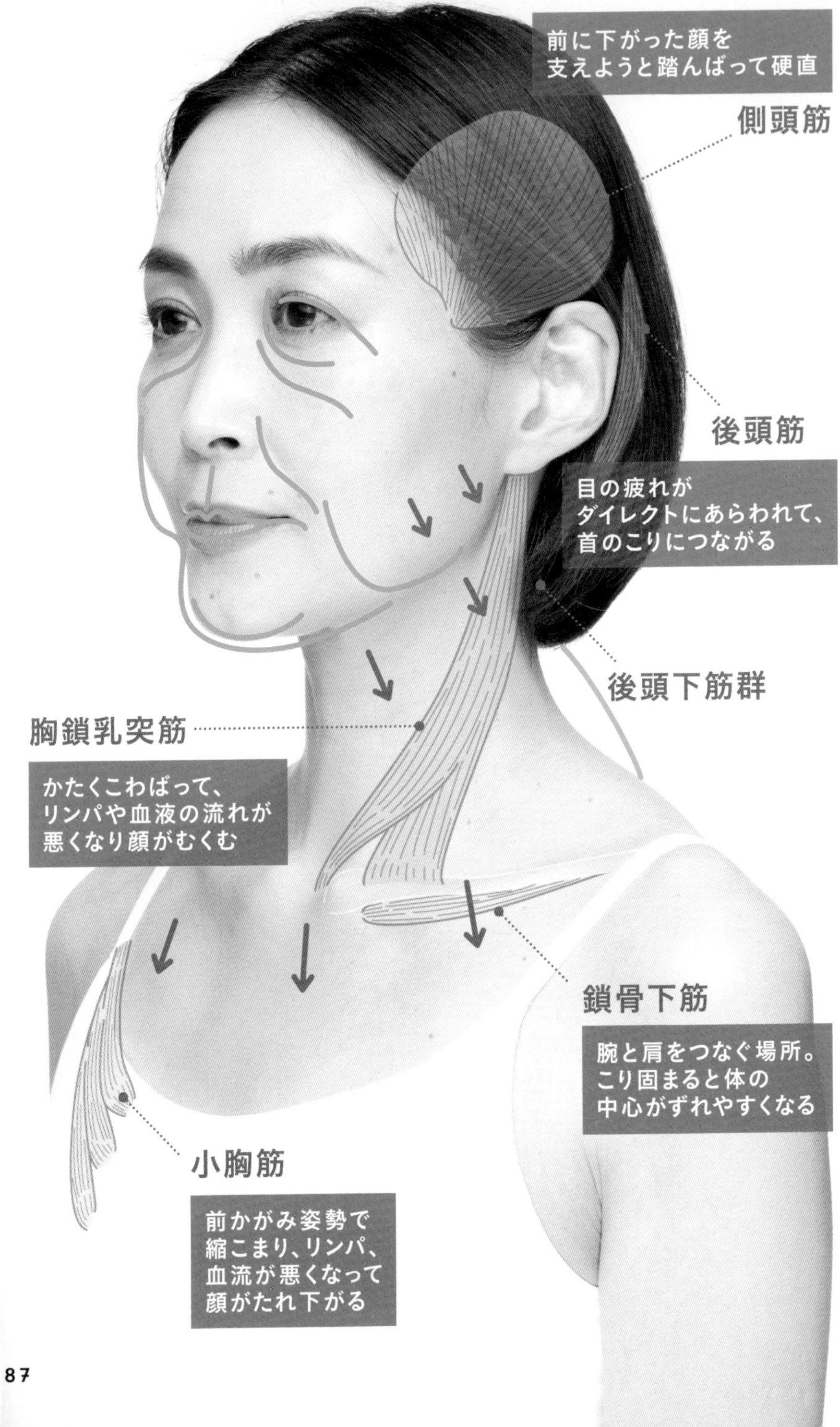
前に下がった顔を
支えようと踏んばって硬直
側頭筋
後頭筋
目の疲れが
ダイレクトにあらわれて、
首のこりにつながる
後頭下筋群
胸鎖乳突筋
かたくこわばって、
リンパや血液の流れが
悪くなり顔がむくむ
鎖骨下筋
腕と肩をつなぐ場所。
こり固まると体の
中心がずれやすくなる
小胸筋
前かがみ姿勢で
縮こまり、リンパ、
血流が悪くなって
顔がたれ下がる

首のつまりを流し、むくみオフ

胸鎖乳突筋のこりをほぐし リンパの流れを促す

前かがみの姿勢が続くと、頭を支えようと首の筋肉が緊張し、リンパや血液の流れが悪くなります。後頭部と鎖骨をつなぐ太い筋肉・胸鎖乳突筋をほぐし、つまりを解消して。

1

胸鎖乳突筋をつかんで首をかしげる

首を横にかしげると浮き上がるのが胸鎖乳突筋。親指を前側に、残りの4指を後ろ側において胸鎖乳突筋をつかむ。手のほうに首をかしげるとつかみやすい。

2

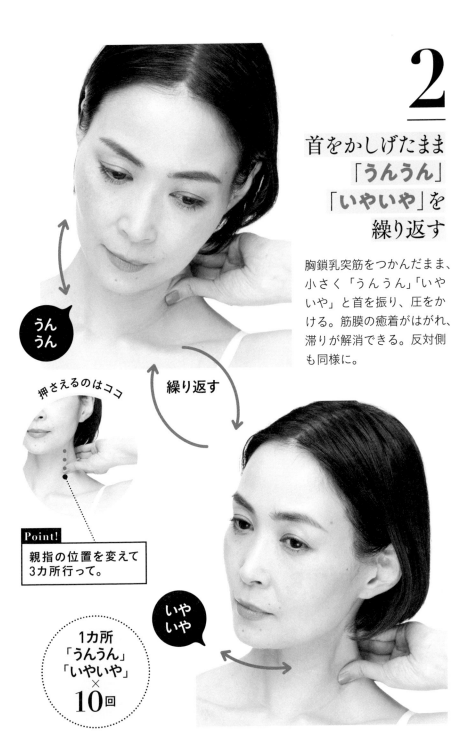

首をかしげたまま「うんうん」「いやいや」を繰り返す

胸鎖乳突筋をつかんだまま、小さく「うんうん」「いやいや」と首を振り、圧をかける。筋膜の癒着がはがれ、滞りが解消できる。反対側も同様に。

うん
うん

繰り返す

押さえるのはココ

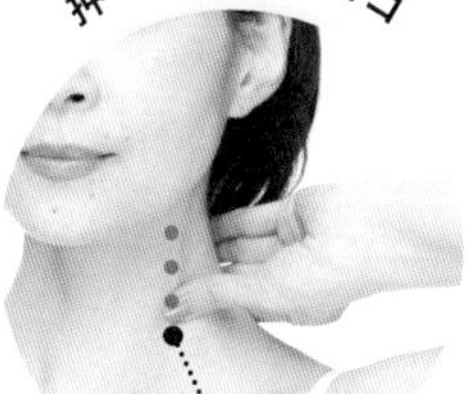

Point!
親指の位置を変えて
3カ所行って。

いや
いや

1カ所
「うんうん」
「いやいや」
×
10回

頭のつけ根のつまりをとり顔を引き上げる

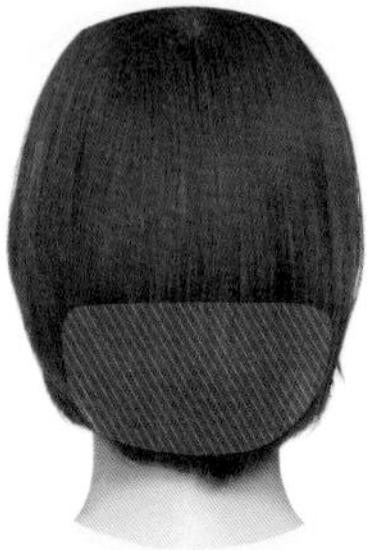

目の疲れからかたくなった後頭部をほぐす

頭の位置を安定させる後頭下筋群は、目の疲れがダイレクトにあらわれる場所です。ギュッとかたくなると、後ろから顔を引き上げる力が弱くなるので、しっかりとほぐして。

1

後頭下筋群をつまむ

頭のつけ根を指で小さくつまむ。かたくつまみにくい場合は、少し上を向くとつまみやすくなる。力まないように口を半開きにしてもいい。

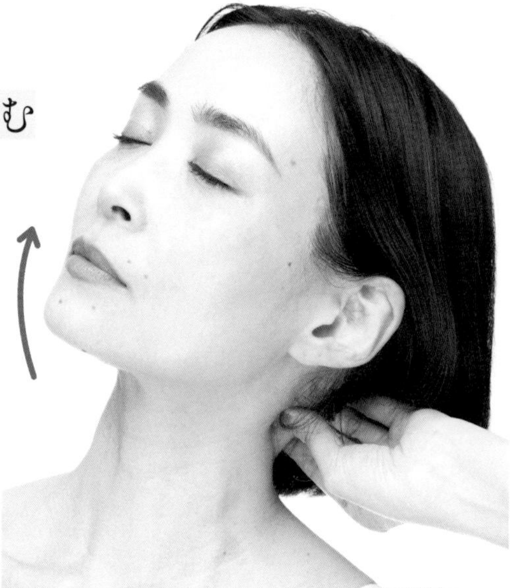

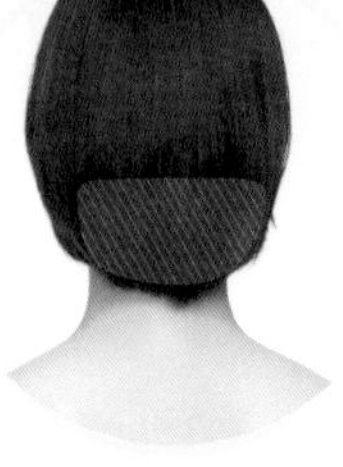

後頭下筋群はココ

2

つまんだまま「うんうん」「いやいや」を繰り返す

筋肉をつまんで、小さく持ち上げ、首を小さく「うんうん」「いやいや」と振り、こりをほぐす。つまむ場所を変えて、後頭部をまんべんなくほぐす。

うん
うん
繰り返す

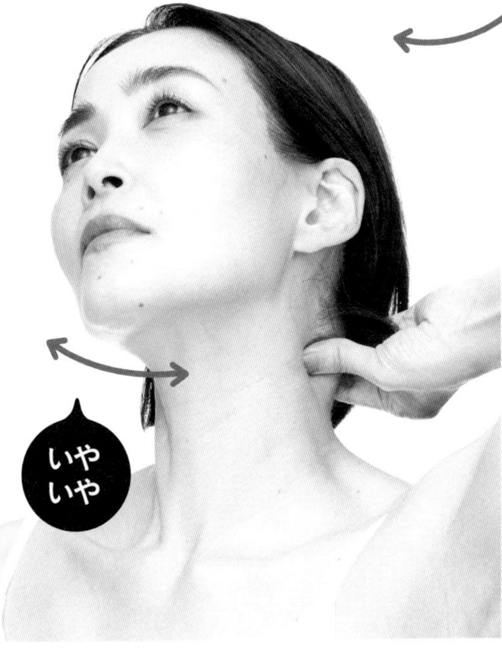
いや
いや

1カ所
「うんうん」
「いやいや」
×
10回

首後ろの柔軟性をとり戻す

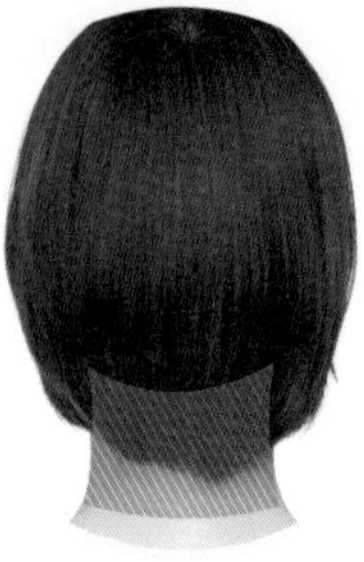

首の動きをよくして むくみを解消

目薬をさすときに真上を向けない人は、首の後ろがガチガチにこっています。そのままだと顔が前に固定され、横広がりに。頭板状筋（とうばんじょうきん）の緊張をゆるめてあげましょう。

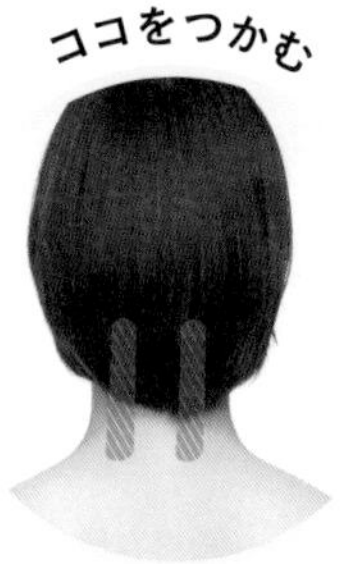
ココをつかむ

1 両手で首の後ろをつかむ

首の骨をつかむようにして、首後ろの筋肉を寄せる。皮膚を引っぱらず、指の腹で筋肉をとらえることが大切。

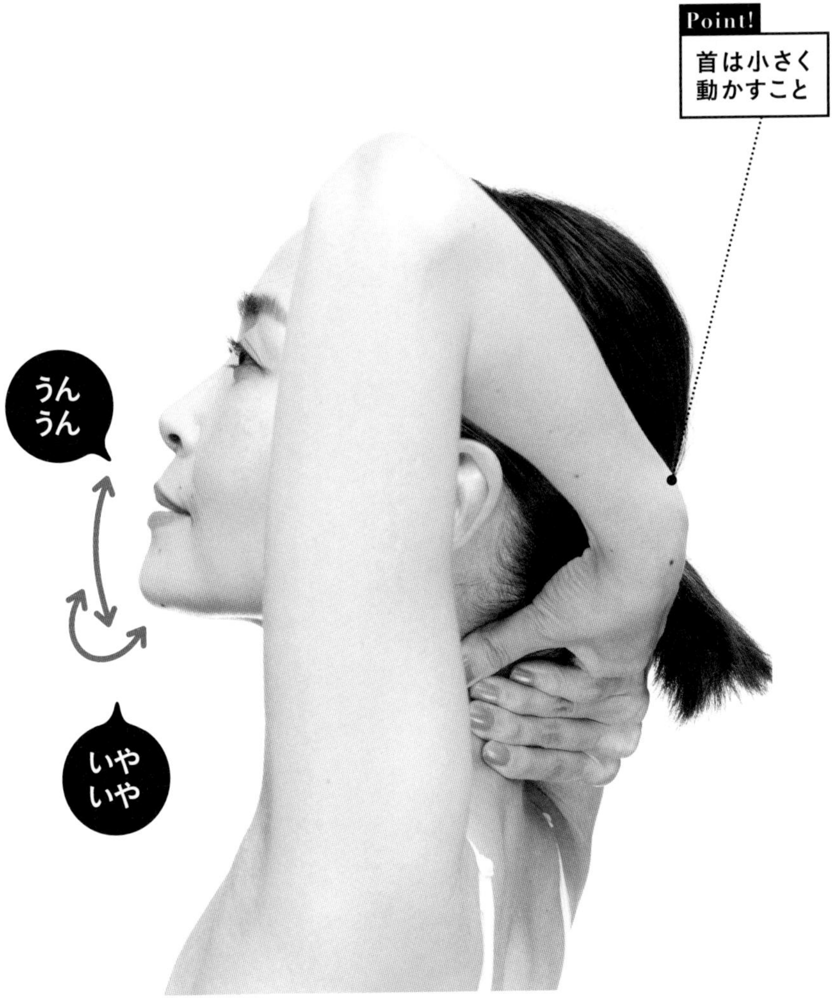
Point!
首は小さく
動かすこと
うん
うん
いや
いや

2 首の後ろをつかんだまま「うんうん」「いやいや」

「うんうん」
「いやいや」
×
10回

あごを軽く上げ、「うんうん」「いやいや」と首を小さく振ってほぐす。よけいな力が入らないように口をぽかんと開け、呼吸も止めないようにして。

鎖骨まわりのつまりを流す

鎖骨下筋をゆるめて めぐりのいい体に

鎖骨のすぐ下にある鎖骨下筋。ここがかたくなると肩甲骨の動きが制限され、代謝が悪くなります。こりをほぐせば、たるみの解消だけでなく、うもれていた鎖骨もくっきり。

Point!

肩をすくめると つかみやすい

1

親指と 人さし指で **鎖骨をつかむ**

親指を鎖骨上のくぼみにひっかけ、人さし指で鎖骨下の筋肉をとらえる。つかみにくい人は、首を横に倒し肩をすくめるといい。

Zoom

鎖骨をつかむ ようにする

2 小さく左右に動かしてほぐす

鎖骨をつかんで、小さくゆらすようにしてほぐす。つかむ位置を1cmずつずらしながら、鎖骨下筋のこわばりをほぐす。しっかり呼吸をしながら行う。反対側も同様に。

Point!
息を吐きながら行う
Point!
少しずつ位置をずらし、まんべんなく
うにうに

1カ所「うにうに」×5回

縮こまった胸まわりをほぐし引き上げ力を高める

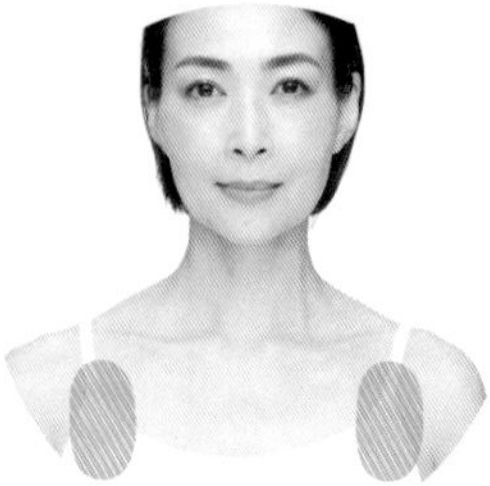

前かがみの姿勢を改善し顔の位置を正す

背中が丸まっていると胸の筋肉がこり固まり、リンパの流れが悪くなります。また、背面から顔を引き上げるパワーも弱くなるので、小胸筋をほぐし姿勢を改善しましょう。

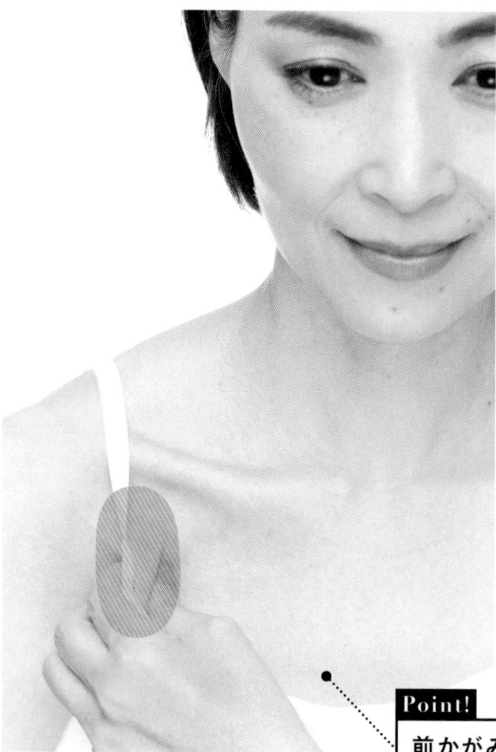

Point!

前かがみになって
小胸筋をつかむ

1

小胸筋をつかむ

ブラジャーの肩ひも部分にあるのが小胸筋。親指と人さし指でここをしっかりとつかむ。姿勢が悪いと前に引っぱられて、小胸筋がカチコチになっていて、呼吸も浅くなるので、ほぐすとラクになる。

2 小胸筋をつかんだまま 肩を回す

正面を向き、小胸筋をつかんだまま肩を回す。肩甲骨から動かすイメージで後ろ、前に回す。小胸筋をつかむ位置を変えながら行う。

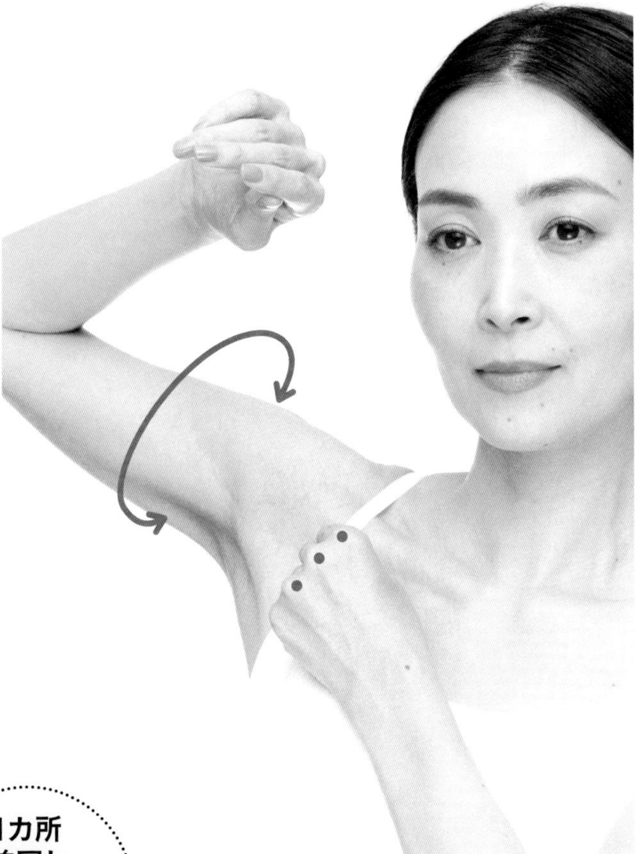

1カ所
前回し、
後ろ回し
×
各10回

腕のねじれをリセットし たるみを改善

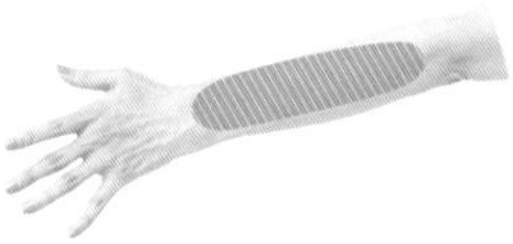

背面のこりにつながる 腕のねじれを解消

スマホの操作や家事、デスクワークで腕が疲れている人も多いでしょう。前かがみの姿勢は腕のねじれにもつながり、それが肩こり、背面のこりを招き、顔をたるませる原因に。

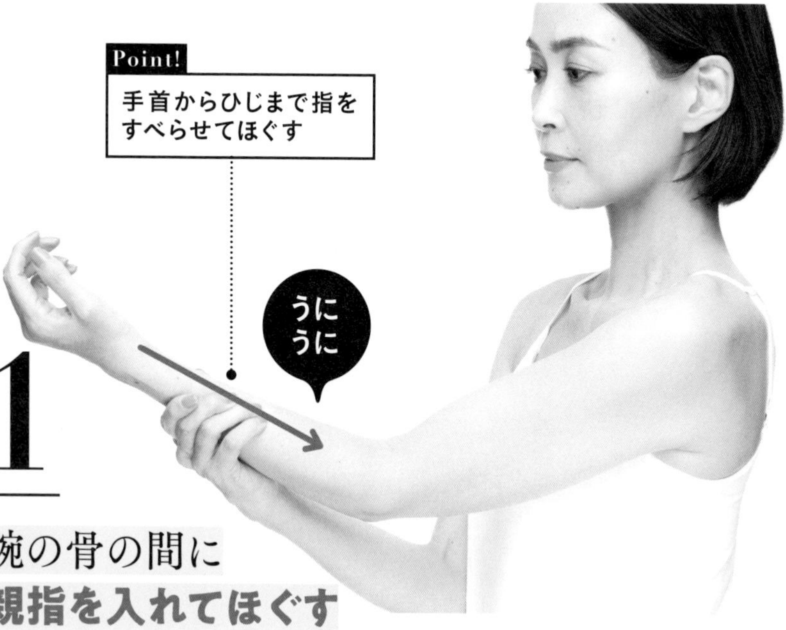
Point!
手首からひじまで指をすべらせてほぐす
うにうに

1 腕の骨の間に 親指を入れてほぐす

腕の親指側と小指側の2本の骨の間に逆の手の親指を入れ、手首からひじまでほぐす。ひじ下がかたくなりやすいので、親指で「うにうに」とよくほぐす。

10秒

2

Point!
ひじ下を
押さえたまま

小指から腕を回す

ひじ下を押さえたまま、小指から腕を回してほぐす。小指から肩甲骨まで筋膜でつながっているので、背面のこりがとれて顔が引き上がりやすくなる。

内回し、
外回し
×
各10回

手のこわばりをほぐし ねこ背改善

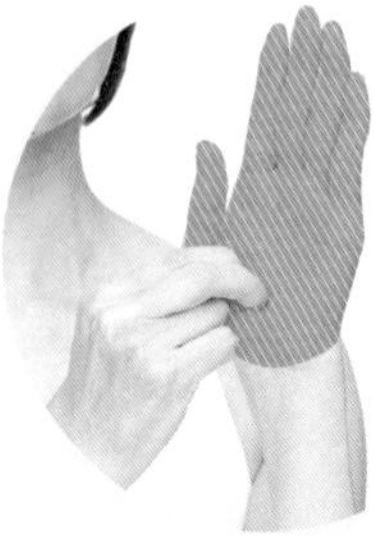

デスクワークの疲れをとり 手からリフトアップ

パソコンやスマホ操作で指が伸ばしにくい人が増えています。手のこりも姿勢を悪くする原因のひとつで、顔のたるみやむくみにもつながるので、こまめにほぐしましょう。

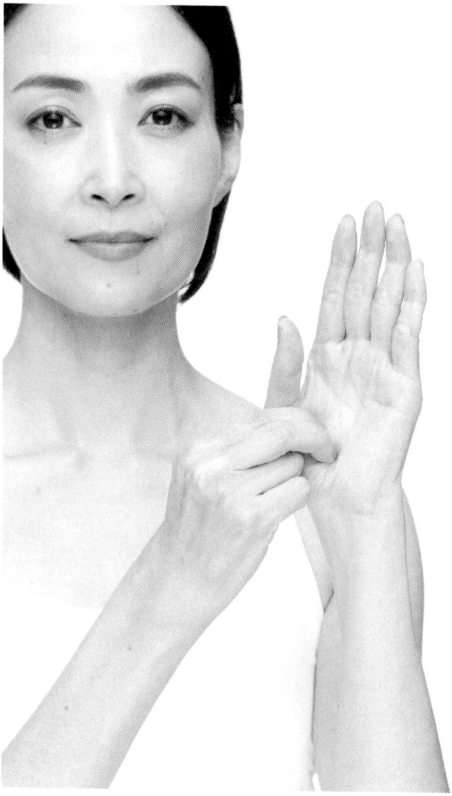

1

親指のつけ根を押さえる

ふだんよく使うのが、親指と人さし指。ここのこりをほぐす。親指のつけ根を反対側の手の人さし指、中指で押さえる。イタ気持ちいいくらいの圧で固定。

2 手首を上下に動かし、手をパタパタ

親指のつけ根を押さえたまま、手首を上下にパタパタと動かす。手招きするようなイメージで行って。

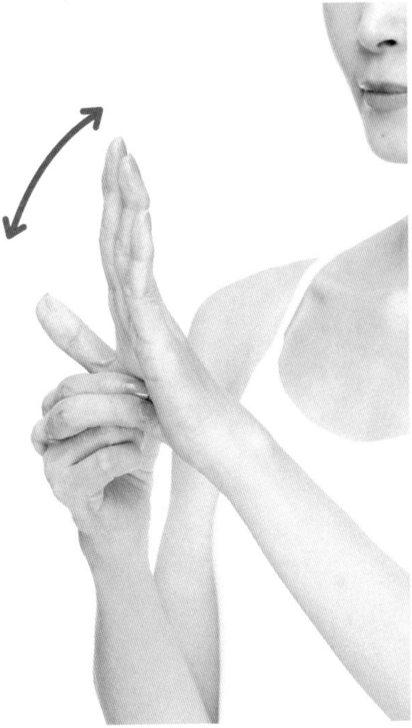

10回

3 つけ根を押さえたまま手首を回す

親指のつけ根は固定したままで、小指側から手首を回す。親指側のこりがゆるみ、手のこわばりがやわらぐ。反対側も同様に行って。

右回し、左回し×各10回

肋骨と背中のこりをほぐしてリフト

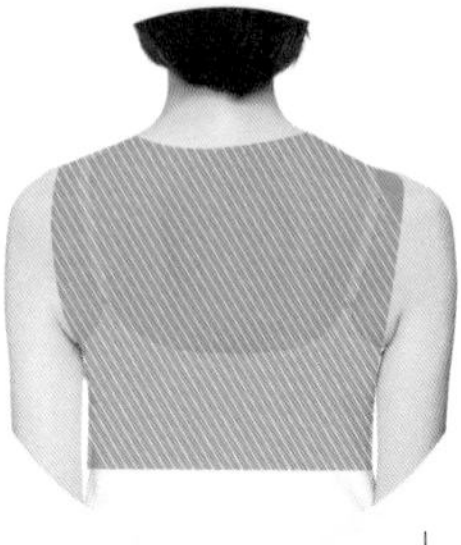

エアー壁掃除で上半身の緊張をゆるめる

前に引っぱられてのびたまま固まった背中の緊張をゆるめ、背面から顔を引き上げて。壁があると思って腕を伸ばし、ぞうきんがけをするように動かすと肩甲骨、肋骨の動きが改善。

Point!
片側に重心をかける

1

足を肩幅に開き、**片腕をまっすぐ伸ばす**

正面を向き、足を肩幅に開いて立つ。右腕をまっすぐ上げる。腕を伸ばした側に重心をかけ、反対側の腰を軽く上げる。

Point!
手を広げひじを伸ばす

Point!
肋骨をねじるように
後ろへひねる

2 ひじを伸ばしたまま、壁があると思って**大きくぞうきんがけ**をする

横に壁があるとイメージし、隅々までぞうきんでふくように腕を肩甲骨から大きく後ろに動かす。ひじを曲げず、顔と肋骨も後ろに向けるのがポイント。反対側も同様に。

左右×各10回

背中全体をゆるめて後ろから引き上げ

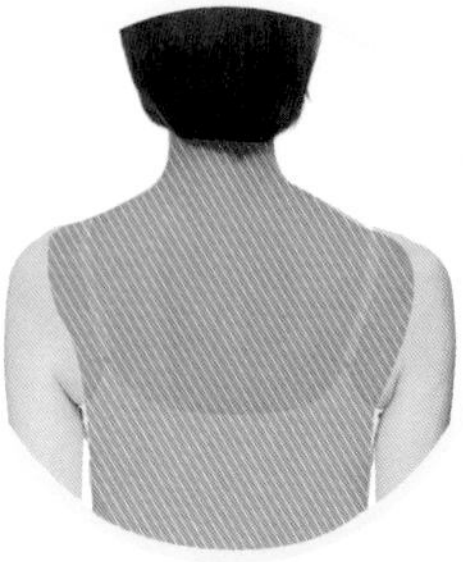

広背筋のストレッチで首からゆがみを改善

姿勢の悪さは首に大きな負担をかけています。首が前に出ると、あごの動きが悪くなり顔のたるみにつながります。背中の筋肉の緊張をほぐしてたるみをぐいっと引き上げましょう。

1

イスに浅く座り、足を開く

イスに浅く座り、かかとを床にしっかりとつける。足を開き、両手を頭の後ろに添える。背中が丸まらないように注意。

Point!
浅く腰かけること

2 後ろに倒れるようにしてからおなかを丸め**左ひじと右ひざをタッチ**

対角のひじとひざをつける動きをする。まず、軽く後ろに倒れてから、半円を描くようにしておなかを丸めて左ひじと右ひざをタッチ。息を止めずに行って。

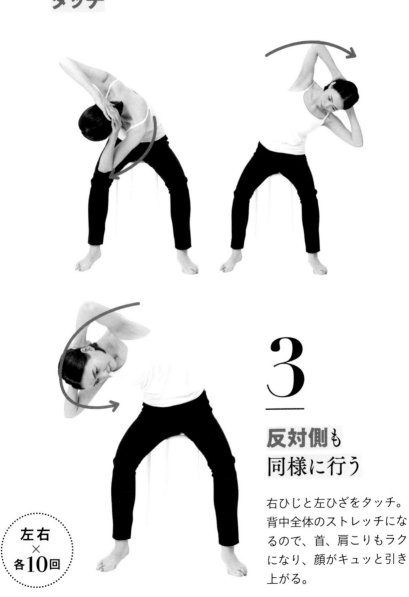

3 **反対側**も同様に行う

右ひじと左ひざをタッチ。背中全体のストレッチになるので、首、肩こりもラクになり、顔がキュッと引き上がる。

左右×各10回

肩甲骨まわりをゆるめて全身のこりをオフ

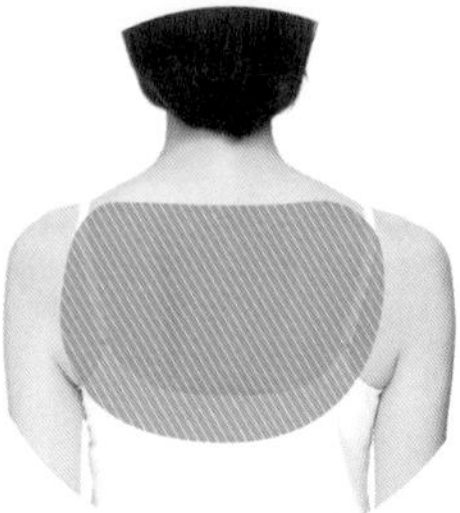

テニスボールで筋肉の奥までほぐす

よりラクに背中をほぐすには、テニスボールを使うのがおすすめです。あおむけになり、肩甲骨のまわりに当てるだけで深部からほぐれ、全身のめぐりがよくなります。

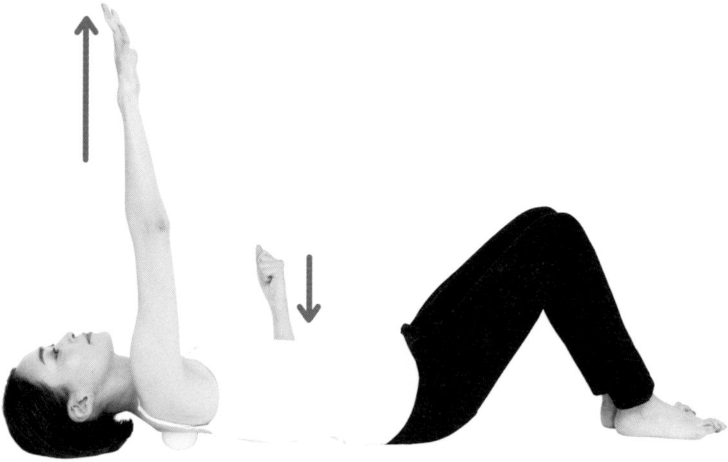

1 背中にテニスボールを当て、片腕を上げる

あおむけになり、ひざを軽く立てる。肩甲骨のわきにテニスボールを当て、当てた側の腕を、手の甲を顔に向けまっすぐ上げる。反対側の腕は手の甲を足に向けて握りながら引く。

2 左右交互に腕を上げ下げし背中に刺激を与える

腕の上げ下げを左右交互に行い、しっかりとほぐす。テニスボールの位置を変えて、同じ動きを繰り返す。体の重みと腕を動かすことで、筋肉の奥のほうまでほぐれ、弾力が出てくる。

テニスボールの位置を変えてまんべんなくほぐす

肩甲骨のわきに沿ってテニスボールをおく。使うのは1個でOK。位置をずらしながら計8カ所ほど行って。

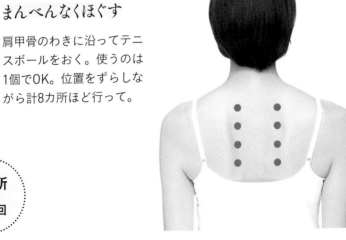

1カ所×10回

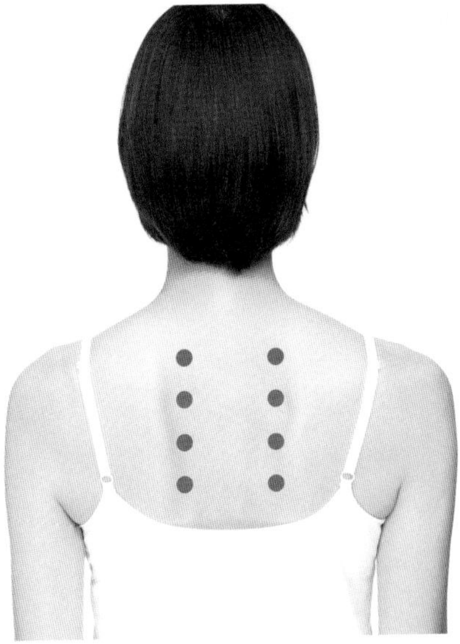

肩のゆがみをリセット

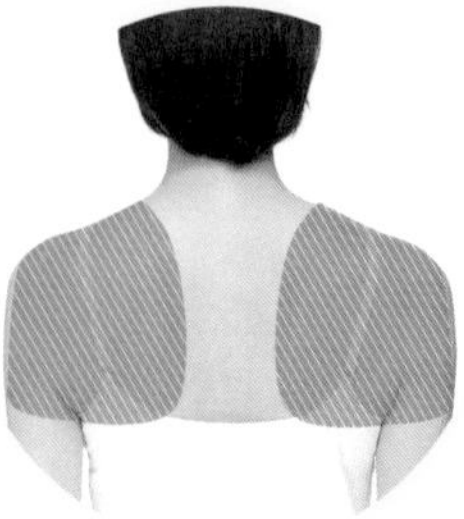

腕から肩のねじれを正し
巻き肩を解消

腕がねじれていることを自覚することはあまりないのですが、現代人の多くはねじれて肩こりや背中のこりにつながっています。姿勢を矯正し、つまりを流してたるみのない顔に。

1 指を開き、**腕をまっすぐ伸ばす**

ひじを伸ばして、肩の高さまで腕を上げる。指を軽く開き、「パー」の形にして伸ばすこと。片腕で「前へならえ」をするイメージ。

前から見ると

2 手のひらを上に向け **腕をひねる**

ひじを伸ばしたまま、腕をねじり手のひらを上に向ける。腕の位置が下がらないようにして。

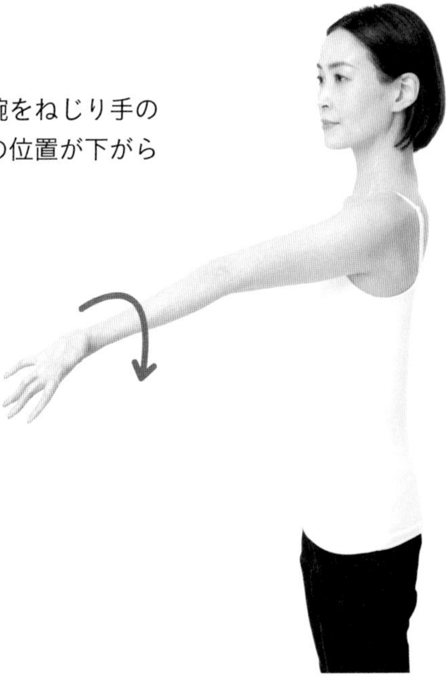

前から見ると

3 腕を後ろに引き **肩甲骨を寄せる**

手のひらを上に向けたまま腕をおろし、後ろに引く。肩甲骨を動かすことを意識して。1〜3を10回行う。反対側も同様に行って。

左右
×
各10回

頭頂部の弾力をとり戻し頭皮からリフト

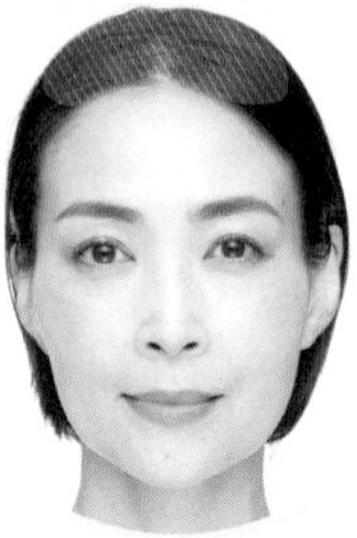

帽状腱膜(ぼうじょうけんまく)をたがやしこりをほぐす

頭頂部をおおう帽状腱膜のこりは、おでこや上まぶたのたるみにつながります。足の裏までつながる筋膜のてっぺんで、全身に影響を及ぼすので、常に弾力のある状態に。

1

指の腹で**帽状腱膜をたがやすように**ほぐす

Point!
指の腹で頭皮をとらえる

指を広げて頭をつかむように頭頂部に当てる。頭皮を深くとらえ、小刻みに動かしてほぐす。骨から筋膜をはがすイメージで、頭皮をこすらないこと。少しずつ指をずらして頭頂部全体をほぐす。

1カ所×10秒

2 頭をつかんだまま 首を小さく振る

指の腹で頭をつかんだまま、首を小さく横に振り「いやいや」。ここでも骨から筋膜をはがすイメージで頭皮を持ち上げる。場所をずらしながら、頭頂部をまんべんなくほぐすこと。

Point!
圧をかけて「いやいや」

いや
いや

1カ所「いやいや」×5回

側頭部をほぐして あごのたるみをリフト

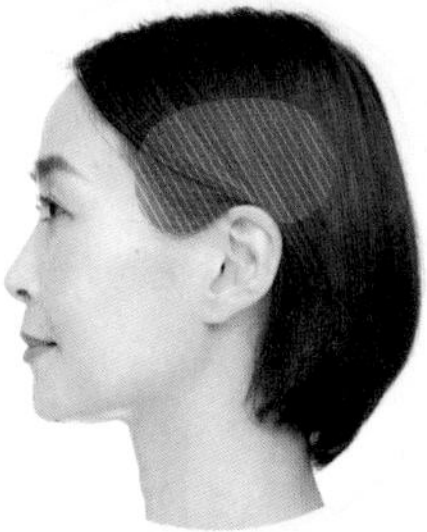

疲れやストレスがあらわれる 側頭部の緊張をゆるめる

くいしばりや目の疲れからこり固まる側頭筋。この筋肉が硬直すると、ほおやあごのたるみにつながり、ほうれい線が目立ちます。こまめにほぐし、引き上げる弾力を復活させて。

1

側頭部に 親指を当てる

親指の腹を側頭部に当て、残りの4指は後頭部に添える。まずは生えぎわから親指を当て、頭を持ち上げるように筋肉を引き上げる。皮膚をこすらないよう注意。

うん
うん
いや
いや

2

側頭部を押さえたまま「うんうん」「いやいや」

親指で圧をかけたまま、首を小さく縦に「うんうん」、横に「いやいや」と動かしてほぐす。イタ気持ちいいくらいの圧がベスト。親指の位置を変えて同様に行う。

1カ所「うんうん」「いやいや」×5回

Point!
押さえる位置は3カ所

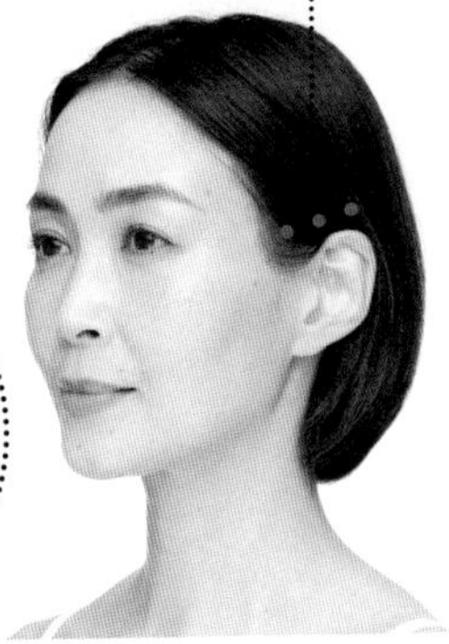

耳後ろをほぐし
首の血流を促す

耳のキワに圧をかけ
首のつけ根のこりをほぐす

前傾姿勢によってこりやすいのが、耳後ろの後耳介筋。また、マスク生活で耳が前に引っぱられ、疲れている場所です。耳のキワをほぐすことで、後頭部がゆるみやすくなります。

耳のつけ根に
人さし指を
押し当て動かす

後頭部の耳のつけ根部分に人さし指を当て、小さく縦に動かし圧をかける。指を骨に押し当てるようにし、筋膜の癒着をはがす。首の緊張がほぐれ、あごのずれも矯正しやすくなる。反対側も同様に。

Point!
キワをとらえて
圧をかけて

1カ所
×
10回

PART 5

老化スピードを遅らせる

村木式 たるみリフト 生活習慣

人間は日々、細胞レベルで老化していきます。しかし、こまめにケアをすることで老化の速度や顔・体のたるみを遅らせることはできると思っています。疲れやむくみ、ゆがみを毎日しっかりリセットすることが肝要。私が習慣にしているケア方法をご紹介します。

ふっくら上向き肌を保つ秘訣は特別なことではなく日々のちょっとした心がけ

40代で大病を経験し、治療のために髪も肌もボロボロになった時期がありました。それを乗り越えた53歳の今、「10年前よりも若く見えますね」と言っていただくことがあります。

特別なことをしているわけではありません。自分の体と向き合い、不調をそのつどケアしているだけ。村木式「たるみリフト」のほか、ちょっとしたセルフケアも続けています。

このPARTでは、さまざまな美容法を試してきた私が、効果を実感し、家で続けているケア法をご紹介します。仕事と子育てで多忙な毎日を過ごしていた私でも続いた、簡単なものばかりです。

そして50代の今、何よりも大事だと感じるのが、きれいでいようと「意識すること」。意識さえすれば、おのずとケアが続き、見た目の老化を遅らせることはできるのです。

まずは2週間続けてみてください。顔も体も若返るはずです。

「できないとあきらめない。
意識することで、脳から
指令が出て、鍛えられるから」

布団の中で、顔を引き上げてから起きる

就寝中も体は無意識のうちに緊張してこっています。起床後すぐにこりをほぐし、めぐりをよくすることで、たるみ知らずに。

寝ている間に縮んだ背中を伸ばし、胸椎をリセット

背中がこると脊柱(せきちゅう)の一部である胸椎のまわりがかたく、呼吸が浅くなって代謝が低下。片ひざを曲げて横になり、両腕を前に伸ばして、上の腕を後ろへ大きく開き、ほぐします。深い呼吸で全身に酸素を。

股関節と大腰筋(だいようきん)をほぐして歩行をスムーズに

あおむけのまま片ひざをかかえ、お尻から太ももの裏を伸ばします。股関節まわりがほぐれ、足を持ち上げる筋肉・大腰筋の動きもなめらかになります。つまずき防止にも。

頭のハリを解消し、ほおのこけを予防

ほおのこけも老けサインのひとつです。側頭筋がこって収縮するとハチとほおがハリ出し、こめかみやほおの下がへこんで見えるのです。ほお骨のまわりの筋肉をじんわりと押し込んでケアします。

あおむけのまま、手のつけ根をほお骨に当て、小指は耳の上に沿わせる。口を軽く開け、じんわりと圧をかける。

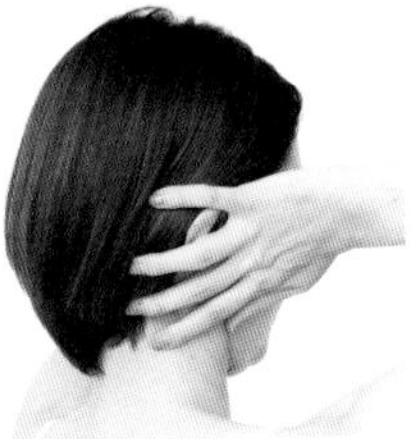

手のポジションはこう！

頭を引き抜くようなイメージで持ち上げ、首のつまりをリセット

首のつまりは顔のたるみのもと。小指を耳のキワに沿わせ、親指を後頭骨にひっかけて、ふんわり持ち上げてつまりを解放。私は布団の中で寝ながら行っています。

後ろから見るとこう！

体を活性化し続けるちょっとしたコツ

美容のための時間を設けなくても、生きるための行動一つ一つが美へとつながります。まずは、意識して習慣にしてください。

☑「え」の口で話すことを意識する

上の前歯が見えるように「え」の口で話すと、ほおの表情筋を使えるようになり、たるみ予防になります。上あごの骨を1～2㎜持ち上げる意識を持つと、より効果的です。

☑こまめな水分補給で細胞からふっくら

細胞は日々枯れていくので、水分補給は重要。お湯に水を加えたぬるま湯をこまめに飲むようにしています。緑茶などのカフェインは利尿作用があり、体の水分を排出するので、ドリンクはカフェインレスを選択。

ハァー

☑

呼吸を止めない!! しっかり吐き切り、たっぷり吸う

体が緊張すると、呼吸は無意識に止まったり浅くなったりします。すると自律神経が乱れ、イライラや不調を招きます。「ハァー」と意識して吐き切り、酸素をいきわたらせて。

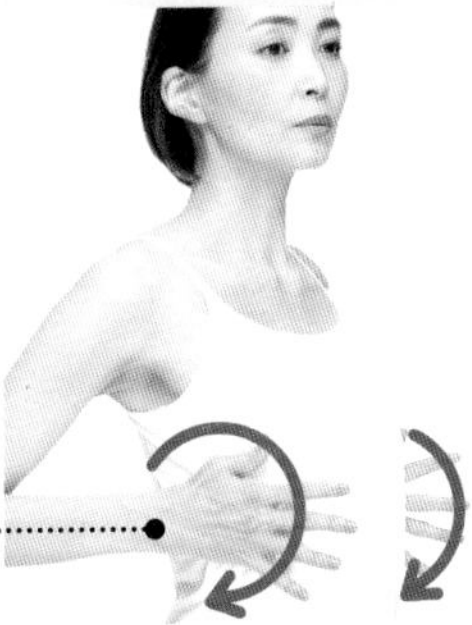

Point!

**肋骨をさすり、
横隔膜の動きをスムーズにすると
吸いやすい**

☑

たんぱく質を1品プラスし成長ホルモンを促す

肌のハリを生むコラーゲンの生成や成長ホルモンの分泌にたんぱく質は欠かせません。50代女性の場合、1日の目標摂取量が68〜98gと設定されています。私はプロテインを飲むほか、最近はいつもの食事にたんぱく質をさらに1品加えています。ゆで卵や煮豆など簡単なものでOK。毎食の習慣に。

一日の老化をリセットするお風呂習慣

お風呂はその日のむくみやゆがみなどの老け要因をケアするのに絶好の場所。体を温め、疲れをリセットすれば睡眠の質も上がります。

足をまんべんなくほぐし、体のゆがみをリセット

日中、体を支えている足。疲れでこわばっていると足裏のアーチがくずれ、全身バランスが悪くなり、顔のたるみにもつながります。足の指に手の指をからめ、逆の手で親指のつけ根、土ふまず、くるぶし、かかとを順に固定しながら、ぐるぐると回してください。内回し、外回し各10回。

＼親指のつけ根／

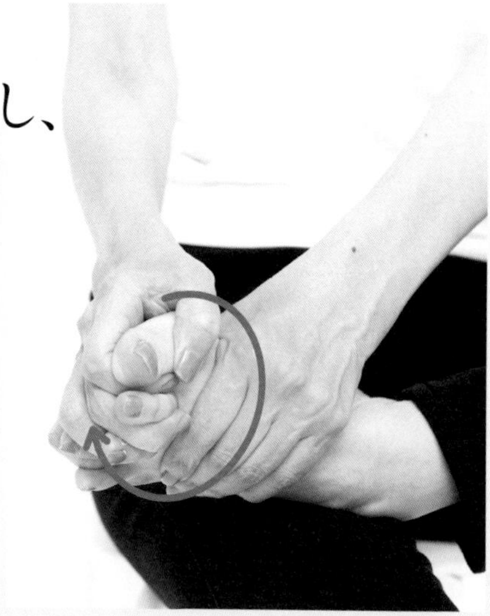

＼かかと／

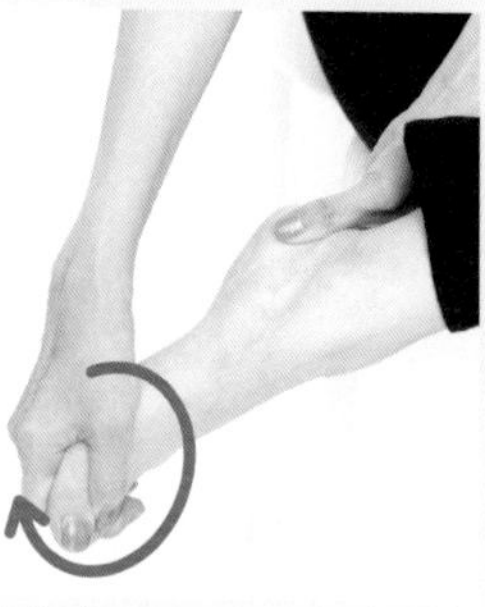

＼くるぶし／

＼土ふまず／

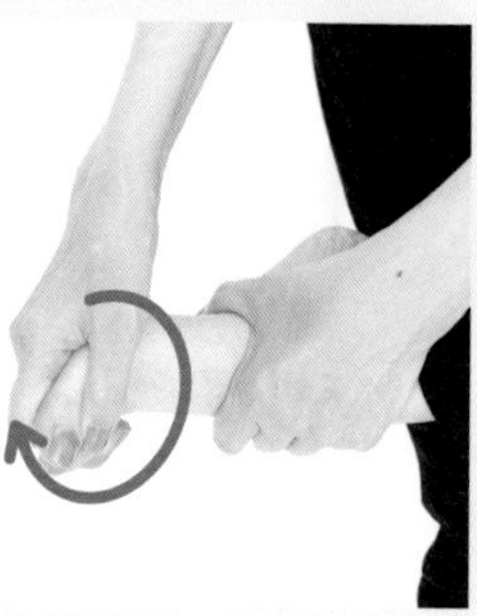

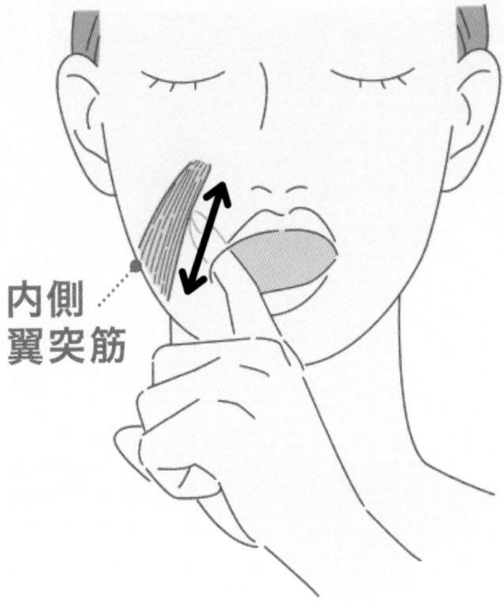
内側
翼突筋

内側翼突筋をほぐして、口の中を広くする

咀嚼（そしゃく）するときに使う筋肉のひとつ、内側翼突筋（ないそくよくとつきん）も、くいしばりによりギュッと縮まっています。奥にある筋肉なので、顔の表面からよりも口の中からほぐすほうが効率的。清潔な人さし指で、ほおの内側をやさしくなでてこわばりをほぐして。唾液も出やすくなるので、免疫力もアップ。

筋肉の緊張をゆるめる入浴剤で全身の疲れをとる

筋肉をゆるめる作用があるマグネシウム入りの入浴剤を使っています。疲労やストレスでマグネシウムが失われていくそうです。食事でとる以外に、皮膚から吸収されやすいので、入浴剤を活用すると効果的です。

epsom salt
beauty
relax
health
ES
SC
Sea Crystals
pure
magnesium
sulfate
epsom salt
sea crystals

原料は海水由来の硫酸マグネシウム。深部から温まり、こりもほぐれやすくなる。エプソムソルト シークリスタルス オリジナル 2.2kg（約14回分）計量スプーン付 1,362円（税込み）／ヒロセ

肌と髪を干からびさせず ふっくら感を保つ ヘア＆スキンケア

たるみをリフトアップするだけでなく、みずみずしくうるおった肌でいることが、若々しさの秘訣です。髪にも手を抜かないでください。

☑

メイク前の「**鼻つまみ**」で 顔のむくみをすっきり

小鼻をつまむと、鼻のむくみのケアに効果的。これだけで顔にメリハリが出ますので、時間のない朝にぴったり。撮影のときは、メイク前やカメラの前に立つ直前に鼻つまみを。

☑

スキンケアは **首の後ろまで!** シワのないしなやかな首に導く

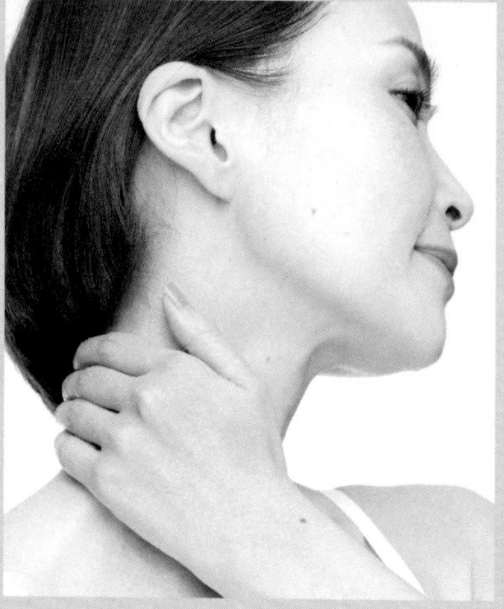

顔のたるみは引き上げても、首がシワシワだと老けた印象に。化粧水や乳液は首の後ろまで塗りましょう。コラーゲンの生成を邪魔する紫外線対策に、日焼け止めもお忘れなく！

シートマスクで**肌が枯れる**のを防ぎふっくらとしたみずみずしい肌に

たるみ対策には肌の保湿がマストです。ハリを出すためにはもちろん、肌あれ防止のためにも、外側からしっかりとうるおいを与えるようにしています。肌に弾力を出すコラーゲンやヒアルロン酸配合のシートマスクは手放せません。

Spa treatment
Sheet Mask
NMN
Spa treatment
Sheet Mask
NMN
・Loose Spicule×1pc
・Sheet Mask×8pc

Spa treatment
NMN
i SHEET
NMN stretch i sheet

〈上〉浸透力のあるヒアルロン酸結晶を配合。スパトリートメントeX ルーススピクル＆NMN シートマスク　ルーススピクル2.3g　シートマスク8枚入り 11,000円（税込み）〈下〉フィット感抜群の特殊シートを採用。スパトリートメント NMNストレッチ iシート 60枚入り 8,800円（税込み）／ともにウェーブコーポレーション

髪の**うねりとパサつきを補正**し、髪から若さを表現

老けサインは髪にも確実にあらわれます。ツヤがなくうねった髪は見た目年齢を老けさせるので、毎日のシャンプーからケア。ブローやアイロンでうねりを伸ばすのは大変なので、髪の質から変えていきましょう。

HAIR CARE
INMMETRY
shampoo
250mL
HAIR CARE
INMMETRY

クセとダメージの蓄積によってうねる髪を整えてくれる。〈左〉オージュア インメトリィ シャンプー 250ml　5,500円（税込み）〈右〉オージュア インメトリィ ヘアトリートメント 250g 6,600円（税込み）／ともにミルボン（美容室専売品）

おわりに

誰でも年をとれば、顔や体に変化があらわれるものです。そこで、自分に手をかけてあげるのか、しかたがないとあきらめてしまうのか。人生100年時代といわれる今、50代、60代はもちろん、70代、80代でもあきらめるには若すぎるのです。

鏡を見るたびに、「はぁ～」とため息をつくよりも、毎日数十秒のケアをして、イキイキとした表情を手に入れたほうが、きれいに若々しくいられるだけでなく、これからの人生そのものの質が上がるはずです。

女性はいくつになっても忙しく、自分の時間がなかなかもてないものです。私もあわただしい毎日を過ごしています。だからこそ、簡単で即効性のあるメソッドを考案しました。

村木式「たるみリフト」は、みなさんが気づきにくいたるみにもアプローチし、10年前よりもチャーミングな表情が得られるメソッドです。モニターのみなさんも、あごまわりがすっきりとし、口角が自然と上がるようになりました。

続けることで、顔のたるみが引き上がるだけでなく、全身のめぐりがよくなり、頭痛やめまい、便秘、冷えなどの女性特有の不調の改善にもつながります。老化は体のあちこちにあらわれてきますから、健康を維持するためにもぜひ続けていただけるとうれしいです。

何歳から始めても大丈夫！　でも、明日からではなく、今日からすぐに始めてください。日々、衰えていくわけですから、コツコツと継続することが老化をくい止める最善策です。

本書が、美しく、素敵に年を重ね、一生をはつらつと楽しむための一助となれば幸いです。

2023年8月

村木宏衣

10秒で10歳若返る
奇跡のたるみリフト

2023年 9 月30日　第1刷発行
2024年 3 月20日　第5刷発行

著者　村木宏衣
発行者　平野健一
発行所　株式会社主婦の友社
〒141-0021
東京都品川区上大崎3丁目1－1
目黒セントラルスクエア
電話 03-5280-7537
（内容・不良品等のお問い合わせ）
049-259-1236（販売）
印刷所　大日本印刷株式会社

ISBN978-4-07-455396-9

※本書に記載された情報は、本書発売時点のものです。
※効果には個人差があります。

村木宏衣

エイジングデザイナー。1969年東京都生まれ。エステティックサロン、整体院、美容医療クリニックでの勤務を経て、独自の「村木式整筋」メソッドを確立。筋肉・骨格・リンパにアプローチするオリジナルの理論と手法で、リフトアップ、小顔、美髪、ボディメイキングなど、女性の悩みを解決する美のスペシャリスト。2018年には自身のサロン「Amazing♡beauty」を開設。サロン名は、スーパーモデルのケイト・モスが村木の施術を受けた際に、「Amazing!」と絶賛したことが由来となっている。世界にも認められたその技能で、多くの女優やモデル、セレブリティから熱い支持を集めている。現在はサロンワーク、パーソナル整筋指導、講演活動のほか、各種メディアでも活躍中。著書に『奇跡の頭ほぐし』『奇跡の目元ほぐし』（ともに主婦の友社）など。直接指導する『村木式整筋メソッド』インストラクター養成講座も好評を得ている。

Instagram　@hiroi_muraki

SHOP LIST

ウェーブコーポレーション
☎03-6265-1582
ヒロセ
☎0120-816-026
ミルボンお客様窓口
☎0120-658-894

STAFF

- ブックデザイン／細山田光宣・奥山志乃（細山田デザイン事務所）
- 撮影／佐山裕子（主婦の友社）
- ヘア&メイク／福寿瑠美（PEACE MONKEY）、中山ゆかり
- モデル／西原英理子
- イラスト／佐藤末摘
- 構成・取材・文／岩淵美樹
- 編集／野崎さゆり（主婦の友社）